BUONAPARTE

PAR

CHATEAUBRIAND.

Bruxelles.—Imprimerie de A. LACROIX et Cᵉ,
36, rue de la Fourche.

BUONAPARTE

PAR

CHATEAUBRIAND

PRÉCÉDÉ DE

CONSIDÉRATIONS GÉNÉRALES

sur le parti

BONAPARTISTE ET SON CHEF ACTUEL,

PAR

Le Cte Anatole Coëtlogon.

> Les traîtres seront traînés sur la claye et
> pendus, les voleurs seront pendus seule-
> ment, et les parjures réputés infâmes.
> *(Vieux Code français.)*

***

BRUXELLES.

CHEZ LES PRINCIPAUX LIBRAIRES.

—

1852

AVANT-PROPOS.

J'avais l'intention de faire paraître une brochure sur l'attentat du 2 décembre ; mais *Napoléon le Petit* a été publié, tout le monde l'a lu, et que puis-je dire après Victor Hugo ? Pourtant cet ouvrage de notre grand poëte m'a rappelé les pages éloquentes où l'illustre Chateaubriand, lui aussi, attaque et prend corps à corps un autre Napoléon.

J'ai voulu, en l'isolant du reste de ses écrits, rendre facile à tous la lecture de ce petit chef-d'œuvre où l'âme toute française de Chateaubriand s'indigne, se révolte à la pensée de voir sa belle patrie dans les mains d'un *étranger,* du *Corse,* comme il l'appelle.

Que ce petit livre, qui, selon l'expression du roi Louis XVIII, lui avait valu une armée, vienne de nouveau et quarante ans plus tard combattre la cause du parjure et de la trahison.

Vivant de nos jours, Chateaubriand n'aurait presque rien à changer à son ouvrage. Les coups les plus terribles qu'il

1

porte au grand Napoléon doivent écraser Napoléon le Petit ; qu'il tombe à genoux dans le sang et la boue devant la grande voix du génie et de l'honneur français qui appelle toute la race étrangère des Bonaparte au tribunal de la postérité.

Qu'on me pardonne si j'ose mettre mon nom à côté de celui de Chateaubriand. Ce nom il l'a connu, il brille souvent près de celui de ses pères dans les glorieuses annales de notre vieille France ; et d'ailleurs si, soldat inconnu, je combats sous sa noble bannière, c'est la visière levée que je veux frapper du *bois* de ma lance ce traître, ce déloyal, cette foi-mentie.

Cte ANATOLE DE COËTLOGON.

CONSIDÉRATIONS GÉNÉRALES

SUR LE

PARTI BONAPARTISTE

ET SON CHEF ACTUEL.

— ———

.... Il faut confesser que nous sommes pris à ce coup, plus serfs et plus esclaves que les chrestiens en Turquie, et les juifs en Avignon. Nous n'avons plus de volonté, ny de voix au chapitre. Nous n'avons plus rien de propre, que nous puissions dire : Cela est mien. Tout est à vous, messieurs, qui nous tenez le pied sur la gorge, et qui remplissez nos maisons de garnisons. Nos privilèges et franchises anciennes sont *à vau-l'eau*.... Mais l'extrémité de nos misères est, qu'entre tant de malheurs et de nécessitez, il ne nous est pas permis de nous plaindre, ny demander secours : et faut qu'ayant la mort entre les dents, nous disions que nous nous portons bien, et que sommes trop heureux d'estre malheureux pour si bonne cause. O Paris ! qui n'est plus Paris, mais une spélunque de bêtes farouches, un asyle et seure retraite de voleurs, menteurs et assassinateurs, ne veux-tu jamais te ressentir de ta dignité, et te souvenir qui tu as esté, au prix de ce que tu es ?...

(*Satire Ménippée*, 1594.)

Il n'y a point évidemment à s'occuper du parti bonapartiste avant la révolution du 28 février 1848 ; éloigné du pouvoir depuis moins d'un demi-siècle, il n'existait déjà plus à cette époque. C'est qu'un parti qui ne s'appuie sur aucun principe, qui ne repose que sur un homme, ne doit attendre et ne trouve en effet, quelque temps après sa chute, qu'indifférence, que défection.

Alors l'intérêt personnel n'est plus là pour lui donner la vie, et lui seul peut rallier, conserver des partisans à un gouvernement qui n'a que la force du fait accompli. Loin du pouvoir, le parti bonapartiste devait mourir avec le temps, devait s'éteindre avec la génération qui l'avait vu naître, avec les hommes qui l'avaient soutenu.

Les alliés politiques qui ne viennent pas par la force attractive d'un principe vrai ne sont guère que des amis personnels de l'homme au pouvoir, ou des exploiteurs de tous les régimes, prêts à fuir au premier signal de danger, prêts à renier ce qu'ils avaient tant vanté, tant adulé. Tel est le sort qui attend tout parti qui ne repose que sur une individualité.

Qu'était, en effet, le parti bonapartiste qui semble exister aujourd'hui, grâce à la vie factice que lui ont rendue les légitimistes et les orléanistes par l'élection du 10 décembre ?

Qu'était-il, puisqu'il faut employer ce mot, qu'était-il sous le dernier règne ?

La réunion de quelques vieux soldats conservant pieusement la mémoire de leur empereur, adorant un souvenir, ne concevant même pas l'espérance. Avec Napoléon s'était éteint le flambeau qui les avait guidés. Suivant eux, le bonapartisme était le culte d'un souvenir, ce n'était point un parti.

Puis venaient encore quelques amis groupés autour d'un neveu du grand homme, jeunes gens pour la plupart ;

leurs noms inconnus ne se rattachaient à aucune illustration de l'empire, dont ils venaient étourdiment, et les armes à la main, recueillir l'héritage. Sous un gouvernement régulièrement établi, leurs ridicules tentatives ne pouvaient avoir que le résultat qu'elles ont eu. Trente années avaient donc été plus que suffisantes pour éteindre en France, je ne dirai pas le prestige du nom brillant de Napoléon, mais pour l'isoler sur sa tête ; c'était une glorieuse couronne, mais elle n'appartenait qu'à lui ; en venir réclamer l'héritage, c'était folie. Telle était la pensée de la France entière lorsque les escapades de Strasbourg et de Boulogne la forcèrent à songer quelques instants au neveu du grand homme.

Telle était surtout la pensée des généraux, des amis les plus fidèles de Napoléon. Conservant toujours le culte de cette grande gloire, admirateurs zélés de ce vaste génie dont ils avaient partagé les travaux et la fortune, ils n'avaient pu songer au rétablissement du trône impérial ; pour leur vieille expérience surtout, c'eût été, disaient-ils, du délire. Ils se ralliaient à la restauration, à la royauté de juillet ; la fatalité le voulait ainsi, le bonapartisme n'ayant pas en lui ce qui fait vivre un parti loin du pouvoir, ce qui soutient, ce qui soutiendra toujours les légitimistes et les républicains. Les hommes de l'empire ne s'appuyaient sur aucun principe ; un homme était leur seul soutien, et, cet homme abattu, quelque grandes, quelque glorieuses que fussent ses ruines, ce n'étaient que des ruines. Il ne leur restait plus qu'un rocher, qu'un tombeau, qu'un souvenir, la dernière page d'une histoire éclatante. Quelques années de république auraient suffi pour détruire l'orléanisme, qui serait venu de même et forcément se fondre dans l'un des

1.

deux partis qui seuls sont assis sur les fortes et larges
bases d'un principe, le légitimisme et le républicanisme,
partis qui, quoi qu'il arrive et quelque longue que soit leur
absence du pouvoir, doivent toujours exister, car un principe ne périt pas.

La question aurait pu alors se résumer ainsi : *république
ou monarchie*, et même : *république et monarchie* : gouvernement que le principe d'hérédité légitime peut seul donner
à la France et qui n'est autre chose que le résultat ration-
nel de sa vie politique pendant quatorze siècles.

Quel était donc le rôle des partis monarchiques et républicain au moment des élections présidentielles? De s'ab-
stenir ou de ne nommer aucun prétendant dynastique.

Il fallait placer à la tête du gouvernement de la république un homme d'honneur, d'une grande énergie, d'une
grande loyauté: le général Cavaignac, par exemple. Si la
république eût été possible, elle se serait établie; sinon,
tôt ou tard, la fusion de tous les partis monarchiques se
serait faite, grâce au principe absorbant du légitimisme.

Qui donc a reculé la solution? Sont-ce les bonapartistes?
Non, il n'y en avait pas alors; ce sont ceux qui ont fait l'élection du 10 décembre.

Qui, depuis cette faute immense des orléanistes, de quelques républicains et des légitimistes, nous a peut-être un
peu rapproché du dénoûment? C'est le prince Louis-Napoléon Bonaparte.

Si Dieu dans sa colère a paru déchaîner contre nous la
république et ses fureurs, sa clémence n'a fait pourtant
que suspendre un moment sur nos têtes le couteau républicain; tous, nous l'avons vu en frémissant, et ses
quelques jours de malheur ont suffi pour montrer à tous

les funestes effets de l'anarchie; mais Dieu n'a point abandonné son œuvre; il ne remettra la France, calme, heureuse et libre, dans la route séculaire qu'elle a si longtemps suivie, qu'après l'avoir mise en garde, par l'expérience, contre un autre résultat inévitable de l'anarchie. L'instrument est là : ne le voyez-vous pas? Dieu place pour la seconde fois notre patrie dans la main d'un Bonaparte pour la dégoûter à tout jamais du despotisme militaire. L'épreuve, si elle est plus humiliante pour nous, sera moins longue que pour nos pères.

Nous avons eu 93, moins ce qu'il y avait de grand dans les hommes de cette triste époque : pourquoi n'aurions-nous pas encore *la dictature impériale, même sans la gloire, même sans le génie* [1]?

Pour guérir la forte et noble France de 1789 de la fièvre anarchique qu'elle avait gagnée au contact philosophique des Voltaire, des Jean-Jacques, des Diderot, des Chamfort, il fallait les grandes, effrayantes, imposantes et sanglantes figures de Mirabeau, Danton, Robespierre, Saint-Just....

Pour qu'elle pût ensuite, malgré le régime de terreur et de honte d'où elle sortait, endurer le despotisme écrasant de l'empire, il lui fallait le grand Napoléon et ses victoires.

Et pourtant quelle humiliation pour ce grand peuple!

Il venait de tout détruire; il avait porté sa main sacrilége jusque sur Dieu lui-même; il l'avait chassé de son temple, il avait abattu et foulé aux pieds sa croix sainte, martyrisé ses prêtres; il avait détrôné, jugé, condamné, tué son roi : pour lui plus de roi! Il avait aboli la noblesse : pour lui plus de noblesse! Il avait massacré, guillotiné,

---

[1] Paroles du général Changarnier à l'Assemblée législative.

noyé ses plus illustres enfants. L'égalité c'était son Dieu.

Un homme vient, un seul homme, un étranger, un Corse victorieux ; il met sa large et forte main sur la tête de ce peuple, qu'il force à courber le genou devant lui : « Tu as renié, chassé ton Dieu, retourne dans ses temples ; tu as tué ton roi, je serai ton empereur ; tu ne veux plus de noblesse, de tes plus fiers républicains je ferai mes barons, de mes soldats je ferai des ducs et des comtes ; ils formeront ma cour, et elle sera d'elle-même plus basse, plus servile que ne le fut jamais celle de tes rois.

« Quant à toi, mon peuple, sois obéissant et soumis ; sers mes desseins, et reçois avec une joie frénétique et délirante ces mots qui seront ta récompense suprême et que je te jetterai parfois du haut de mon cheval de bataille : PEUPLE, JE SUIS CONTENT DE TOI. Sois esclave et sois fier ; car, par la grâce de Dieu et de mon épée, je suis ton empereur et ton roi.

Autre temps, autre remède providentiel. A Napoléon le Grand doit succéder Napoléon le Petit : c'est le destin. Si la chute du premier fut grande et terrible, celle du second sera honteuse et misérable. Cet homme ne doit pas tomber sous l'épée de l'étranger, mais sous le soufflet de la France.

Au moment des premières élections présidentielles, les légitimistes, les orléanistes, voire même quelques républicains, embrassèrent à l'envi l'heureuse et habile idée d'élever Louis-Napoléon Bonaparte à la présidence. C'était, à leurs yeux, la meilleure manifestation contre la république du 28 février 1848 ; le grand nom de Napoléon venait peser sur l'émeute de tout le poids du despotisme énergique de l'empire. C'était une espèce de menace à la démocratie que l'on craignait tant, un préservatif souverain contre le re-

nouvellement des scènes de 93. On espérait en même temps
que la ridicule incapacité du neveu de l'Empereur rendrait
sans danger l'emploi de ce moyen ; on espérait aussi en
finir avec ses prétentions à l'empire, et faire ainsi d'une
pierre deux coups.

On ne songeait point qu'après une révolution aussi im-
prévue que celle de 1848 ; qu'après les sanglantes journées
de juin, où la société a été sur le point de se voir renver-
sée de fond en comble ; qu'après une victoire remportée
en répandant tant de sang ; qu'après l'espèce de terreur
qui accompagne le triomphe même ; que lorsque tous les
journaux s'unissaient à la presse bonapartiste pour augmenter encore dans le public la terreur que devaient inspirer
les *rouges* ; on ne voyait pas que l'homme qui, dans ces
circonstances arrive au pouvoir lorsque l'ordre est à peu
près rétabli, est, aux yeux du peuple, celui qui lui a rendu
cet ordre ; qu'il doit profiter de toutes les victoires rempor-
tées avant lui sur l'émeute ; qu'il est fort parce qu'on a
mis dans ses mains toute l'administration du pays et une
armée qui a été récemment humiliée par une défaite, et
qui, si elle vient de vaincre, a bien chèrement acheté sa
victoire ; on ne voyait pas que, quoi qu'il pût arriver, l'armée était prête à obéir au pouvoir, soit exécutif, soit législatif, qui voudrait prendre l'initiative ; on ne voyait pas
qu'une assemblée est toujours politiquement honnête ;
qu'elle ne pouvait être criminelle, qu'elle ne pouvait que
juger un coupable et que le coupable n'attendrait pas.
On ne comprenait pas qu'un peuple ballotté par la tempête
révolutionnaire s'accroche où il peut, s'attache au pouvoir
quel qu'il soit, et que l'homme qui personnifie ce pouvoir,
quelque ordinaires que soient ses capacités, a grande

chance, s'il est audacieux, s'il ne recule pas devant le parjure et la trahison, que cet homme, dis-je, a grande chance de réussir à changer l'extrême liberté qui existait en un despotisme humiliant, et d'être même, pour quelques jours, salué comme l'ange sauveur d'un grand peuple.

Les partis monarchiques ont agi, dans cette circonstance, comme un homme qui, voulant remonter sa maison et prendre un intendant, choisit en cette qualité un individu qui déjà deux fois a essayé de le dépouiller, prétendant ne faire que rentrer dans son bien. Il lui confie pourtant la direction de ses affaires; il écoute les paroles de repentir, les serments de fidélité de son ancien adversaire; d'ailleurs ses prétentions sont si ridicules! Et lui-même ne renchérit-il pas sur les folies téméraires de sa jeunesse? Il le fait donc enfin entrer en fonctions avec tous ses anciens complices. Il met dans ses mains tout ce qu'il possède, et commande à toute sa maison d'obéir à son nouvel intendant comme à lui-même. Il aperçoit bien de temps en temps les allures suspectes de son homme d'affaires et de tous ses agents; ses amis lui disent de prendre garde, de veiller; qu'on lui prépare un *coup de Jarnac*. L'honnête homme attend, attend encore. Pour juger, pour condamner, il faut, dit-il, être bien sûr de son fait. Il s'endort sur les deux oreilles, et notre homme, un beau matin, se réveille volé, dépouillé et chassé.

Comment qualifier la conduite de chacun? L'intendant a-t-il montré une grande habileté, un grand génie? Non, ce n'est pas ainsi que cela s'appelle en France. Grâce à Dieu! la France n'est pas la Corse.

A partir du 10 décembre le parti bonapartiste commence à renaître. Les amis du prince Louis Bonaparte, des ambitieux intrigants, des gens plus effrayés que de raison de la puissance du socialisme, se réunissent autour du président et viennent servir les ambitions napoléoniennes. On recrute bientôt dans la presse quelques transfuges de toutes les opinions, véritables condottieri du journalisme, des Cesena, des Bouville, des Arthur de Laguéronière, des Véron, des Cucheval-Clarigny, et l'œuvre révolutionnaire usurpatrice commence, secondée par l'ignorance, l'inhabileté du reste de la presse. On ne voyait que le socialisme, on ne voulait voir que les menées des *rouges*. Les journaux, quelle que fût leur couleur, ne parlaient que des menaces de ce parti, dont ils faisaient une espèce de Gargantua politique. Pour eux c'était là, et seulement là, qu'était le danger.

Ils effrayaient, ils terrifiaient le pays, qui de longtemps n'avait plus rien à craindre de la république démocratique ; elle était trop près de ses deux défaites, et l'armée, quoique victorieuse, était elle-même trop près de l'échec qu'elle avait éprouvé en février 1848 ; la leçon était là trop forte et trop récente. Une victoire de l'émeute était aussi désormais impossible, grâce à la vigoureuse énergie des généraux Cavaignac et Changarnier. Qu'on ne vienne pas dire que les sanglantes et terribles scènes provoquées, dans quelques provinces, par l'acte du 2 décembre prouvent au contraire combien était grande la force de ce parti et la réalité des craintes qu'il inspirait. Les débats de ces tristes procès et le compte rendu des massacres, incendies, pillages... qui ont eu lieu à la suite de la révolution du 2 décembre (suivant le dire des journaux bonapartistes, qui seuls pouvaient parler à cette époque) ne prouveraient qu'une chose que la France, au reste, devait déjà savoir par expérience, c'est que le règne du parti socialiste, s'il était abandonné aux exaltés et à ceux que repoussent les véritables républicains, serait dans l'avenir ce qu'il a toujours été, un règne de ruine, de sang et de honte; mais ce qui prouve victorieusement leur faiblesse réelle en France, c'est qu'après avoir été soulevés par le parjure du 2 décembre qui mettait, chose inespérée pour eux, le droit de leur côté, c'est qu'après avoir été exaspérés et rendus aussi forts qu'il était possible par un acte aussi traîtreusement déloyal, par un parjure aussi effronté, c'est enfin qu'après que le pouvoir, en se déshonorant par une insurrection et faisant ainsi à des gens de leur espèce, je ne dirai pas un droit, mais un devoir de l'insurrection, c'est, dis-je, qu'ils aient été, dans de pareilles circonstances, si vite et si facilement vaincus.

Je le répète, le prince Louis Bonaparte avait mis par son parjure le parti socialiste dans les meilleures conditions pour la réussite; il avait alors toute sa puissance, plus que sa puissance, il avait toute celle que lui avait prêtée Bonaparte, et pourtant qu'a-t-il pu faire? Le sang qu'il a versé, les pillages, les massacres, les assassinats qu'il a commis ne prouvent point sa force, mais sa rage; et cette rage qui l'avait excitée? On ne dit point d'un fou rendu furieux qu'il est fort, on dit qu'il est fou, qu'il est furieux. Celui qui l'excite est le vrai coupable des excès auxquels il se livre; c'est sur lui que retombe le sang versé.

La France, échappée, grâce à Dieu, des tristes jours de l'année 1848, était avertie, était sur ses gardes, et ne pouvait, ne devait plus craindre le parti démocrate socialiste. Au milieu des partis qui malheureusement se partagent la France, il est certes le moins nombreux; sa force, qui est grande, gît tout entière dans son caractère entreprenant, dans son activité audacieuse, qui peuvent lui donner, comme au 24 février, les moyens d'accaparer une victoire qu'il verrait toujours échapper et se changer en défaite, s'il n'avait soin, pendant le combat, de cacher son drapeau.

La France veillait et veillera longtemps encore, et les socialistes ne peuvent réussir que par surprise. Ils n'étaient et ne sont donc pas à craindre, mais à surveiller; et, je le répète, la France veillait. Toute la presse, à quelque opinion qu'elle appartînt, effrayait le pays, ne lui signalait qu'un danger, le règne terrible des démocrates. Si de temps en temps elle parlait des menées bonapartistes, si les représentants eux-mêmes, à la tribune, essayaient de mettre en garde contre les allures ambitieuses et impérialistes de Louis-Napoléon, c'était de telle manière, tout cela était tellement passé à l'état de causeries, de bavardage, de cancans, au lieu de se formuler en énergique et précise accusation, que la France, habituée à entendre parler du coup d'État, de menées bonapartistes, de violation de constitution, était faite pour ainsi dire à cette idée, à cette humiliation en perspective.

On lui parlait de l'acte le plus déloyal, du plus hypocrite parjure, comme d'une chose possible, d'une chose faisable, et la chose s'est faite.

Si l'on veut bien se rappeler les journaux de l'époque, les discours prononcés à la chambre, on verra clairement que l'opposition a fait plus de bien que de mal à Bonaparte, et que son inhabileté la rendit la complice la plus utile de ses desseins ambitieux.

Que l'on suive Bonaparte et ses amis dans leur marche à partir de son élection à la présidence jusqu'à l'attentat

du 2 décembre 1851, je dis attentat et je m'explique. Si
Fieschi, Alibaud, Darmès... virent leurs odieuses tentatives flétries du nom de criminel attentat ; si le prince Louis
Bonaparte et ses complices virent leurs entreprises à Strasbourg et Boulogne qualifiées seulement de ridicules échauf-
fourées, c'est que, malgré le sang d'un soldat français, répandu à Boulogne par la main mal assurée du chef actuel
de l'Etat, qui ne tua qu'un pauvre grenadier au lieu de
l'officier qu'il visait ; c'est, dis-je, que malgré cet assassinat, le ridicule l'emportait encore de beaucoup sur l'odieux ;
mais le 2 décembre, prince, le ridicule ne vous sauvera
pas ; vous avez surpassé en ignominie et en atrocités
l'assassin lui-même. Fieschi le Corse, votre compatriote,
repousserait votre main.

« Arrière ! dirait-il. J'ai tenté d'assassiner un homme ;
l'exaltation est peut-être mon excuse ; j'ai échoué, et ma
tête a pourtant payé mon crime. Mais toi, tu as tué, déshonoré tout un peuple ; ce fut le but de toute ta vie et tu as
réussi, et tu triomphes dans le parjure et le sang ! Arrière !
Tu n'as point encore racheté ton forfait ? Attends, attends
quelques jours, ce peuple ouvrira les yeux. Souviens-toi
qu'il a déifié Marat pour le précipiter bientôt des cieux qu'il
usurpait dans la boue du chemin. Regarde, il n'y a qu'un
pas de l'égout au Panthéon. Tu es au Panthéon... moi,
Fieschi, je suis à Clamart ! Arrière ! c'est l'égout de Marat
qui t'attend. »

Suivez Bonaparte dans ses pas et démarches, depuis
son élection à la présidence jusqu'à l'odieux et criminel
attentat du 2 décembre 1851. Vous le verrez dans ses
discours répentant des folies téméraires de sa jeunesse,
se frappant la poitrine et s'accusant à la face du pays,

reniant l'insurgé de Strasbourg et de Boulogne, jurant
fidélité à la République et à la Constitution, renonçant
à toute prétention au trône impérial, et démentant à chaque instant ses paroles par ses actes ou ceux de ses
agents, qu'il désavouait toujours quand l'opinion publique, qui vivait alors, l'y forçait, mais qu'un excès de
zèle impérialiste, qu'il désapprouvait bien haut, tout
en l'excitant tout bas, entraînait trop loin, disait-il. On
le verra enfin tout dire, tout jurer, prendre Dieu et les
hommes à témoin, pour prouver au pays sa bonne foi,
son patriotisme, son dévouement, son peu d'ambition per-
sonnelle, et contredisant chaque jour par les faits ce que
promettait chaque jour sa bouche déloyale et menteuse. La
main tendue vers le Christ qu'il insulte par son parjure, il
marche, il arrive enfin à son but, au 2 décembre, à la
plus infâme, à la plus honteuse des trahisons! . . . . . .

Des généraux, l'honneur, la gloire, l'espérance du pays
sont arrêtés la nuit, traîtreusement, menacés du bâillon,
emprisonnés avec les voleurs, enfermés dans des voitures
cellulaires, conduits ainsi au château de Ham, puis enfin
traînés hors de France entre deux agents de police. Des
hommes connus de tous par leurs longs et loyaux services,
des enfants de la France, enfants dont cette noble mère
était si fière! sont proscrits, transportés, poussés en masse
loin de leur patrie! Et par qui? Par le fils d'une race étrangère, étranger lui-même par ses mœurs, ses perfidies, ses
instincts de bandit corse, à cette terre de loyauté et d'honneur qu'il vient ensanglanter et souiller.

Le sang coule à flots dans Paris; on massacre, on mi-
traille tout un peuple paisible et sans défense; car il faut
une lutte, un combat à cet homme; il lui faut, pour asseoir

sur la terreur ce pouvoir qu'il convoite depuis si long-temps, il lui faut une victoire *éclatante*, éclatante comme son crime !

Ce crime a réussi ! L'infamie triomphe !

L'homme qui vint, comme républicain, mendier auprès du gouvernement de la république son retour sur une terre qu'il appelait sa patrie, cet homme assassine et trahit la république !

L'homme qui dut la vie au généreux pardon du roi Louis-Philippe, vole et insulte les enfants du roi Louis-Philippe !

L'homme qui, à Boulogne, assassinait un grenadier français, se dit l'ami du soldat qu'il déshonore en abusant de son ivresse !

L'homme dont la vie est une longue insulte à Dieu, se dit l'allié du prêtre qu'il rend le complice de ses turpitudes !

Il a souillé, il a détruit tout ce qui était noble et beau dans notre noble et belle France.

L'honneur militaire, disparu ;

La magistrature, avilie ;

Le clergé, déshonoré ;

Cette vieille liberté française, humiliant esclavage ;

La littérature, la presse, honteux silence, ou paroles bien plus honteuses encore.

Cet homme que nous avons vu entrer à Paris, pauvre, couvert de dettes, usé par la débauche, menacé de la prison par ses créanciers qu'il fuit et qui, le chassant chez nous, lui donnent un trône ; cet homme est riche à millions ; on parle de la magnificence de ses dons ; on vante sa générosité ; il est enfin maître de la France, de nos fortunes, de nos vies, de nos libertés; il est tout-puissant dans son ignominie! O honte! Cet homme peut mépriser ma patrie! Oui, nous laissons le *Corse* trop heureux dans son crime; il nous méprise, il doit nous mépriser!!

Il est l'élu de Dieu, l'ange sauveur de la France! Il s'est trouvé des Français pour dire et répéter cela! Cet homme qui, s'il eût succombé, serait à cette heure revêtu de la casaque du forçat, se drape dans le manteau royal; il hésite peut-être entre les abeilles et les fleurs de lis! Si le pilori l'attendait, c'est sur le trône qu'il s'assied et se carre! Au lieu du bonnet vert placé sur sa tête par la main du bourreau, c'est le pape, oui, le pape, le représentant de Dieu sur la terre, qui le bénira, qui versera l'huile sainte et posera sur son front la couronne de saint Louis et de Henri IV! Car nous aurons l'empire, c'est le dénoûment obligé de ce drame sanglant, ignoble et burlesque que la France égarée n'a pas voulu siffler au premier acte.

Voyez-le : il court, il traverse nos villes, nos provinces, escorté de ses compagnons de crime et de débauche, entouré de sa police, des 8,000 coquins de sa garde [1], qui, le suivant de leurs acclamations soldées, de leurs honteux vivats, de leurs réjouissances, essayent de tromper le monde et la France elle-même. A quoi bon toutes ces jongleries? Il faut que Napoléon le Petit succède à Napoléon le Grand. Il faut que ce nom orgueilleux tombe par lui-même dans le mépris.

Il faut que ceux qui croient à la grandeur de l'oncle connaissent la bassesse du neveu. Monte, monte, Napoléon III, il faut que, malgré ta petitesse, la chute misérable

---

[1] La société du 10 décembre.

qui t'attend soit vue de loin, soit applaudie de tous !

Et pourtant que cette leçon, pauvre France, te coûtera cher ! L'histoire est là ; chacun de tes jours lui appartient. Ah ! voile ton front, car cet empire qui s'avance, qui te menace, cet empire... c'est la honte !!

BUONAPARTE.

Non, je ne croirai jamais que j'écris sur le tombeau de la France ; je ne puis me persuader qu'après le jour de la vengeance nous ne touchions pas au jour de la miséricorde. L'antique patrimoine des rois très-chrétiens ne peut être divisé : il ne périra point, ce royaume que Rome expirante enfanta au milieu de ses ruines, comme un dernier essai de sa grandeur. Ce ne sont point les hommes seuls qui ont conduit les événements dont nous sommes les témoins ; la main de la Providence est visible dans tout ceci : Dieu lui-même marche à découvert à la tête des armées, et s'assied au conseil des rois. Comment, sans l'intervention divine, expliquer et l'élévation prodigieuse et la chute plus prodigieuse encore de celui qui, naguère, foulait le monde à ses pieds ? Il n'y a pas quinze mois qu'il était à Moscou, et les Russes sont à Paris ; tout tremblait sous ses lois, depuis les colonnes d'Hercule jusqu'au Caucase ; et il est fugitif, errant, sans asile ; sa puissance s'est débordée comme le flux de la mer, et s'est retirée comme le reflux.

Comment expliquer les fautes de cet insensé ? Nous ne parlons pas encore de ses crimes.

Une révolution, préparée par la corruption des mœurs et par les égarements de l'esprit, éclate parmi nous. Au nom des lois, on renverse la religion et la morale : on renonce à l'expérience et aux coutumes de nos pères ; on brise les tombeaux des aïeux, base sacrée de tout gouvernement durable , pour fonder sur une raison incertaine une société sans passé et sans avenir. Errant dans nos propres folies, ayant perdu toute idée claire du juste et de l'injuste, du bien et du mal, nous parcourûmes les diverses formes des constitutions républicaines. Nous appelâmes la populace à délibérer au milieu des rues de Paris, sur les grands objets que le peuple romain venait discuter au Forum, après avoir déposé ses armes et s'être baigné dans les flots du Tibre. Alors sortirent de leurs repaires tous ces rois demi-nus, salis et abrutis par l'indigence, enlaidis et mutilés par leurs travaux, n'ayant pour toute vertu que l'insolence de la misère et l'orgueil des haillons. La patrie tombée en de pareilles mains fut bientôt couverte de plaies. Que nous resta-t-il de nos fureurs et de nos chimères? Des crimes et des chaînes!

Mais du moins le but que l'on semblait se proposer alors était noble. La liberté ne doit point être accusée des forfaits que l'on commit sous son nom : la vraie philosophie n'est point la mère des doctrines empoisonnées que répandent les faux sages. Éclairés par l'expérience, nous sentîmes enfin que le gouvernement monarchique était le seul qui pût convenir à notre patrie.

Il eût été naturel de rappeler nos princes légitimes : mais nous crûmes nos fautes trop grandes pour être pardonnées. Nous ne songeâmes pas que le cœur d'un fils de saint Louis est un trésor inépuisable de miséricorde. Les uns craignaient pour leur vie, les autres pour leurs richesses. Surtout il en coûtait trop à l'orgueil humain d'avouer qu'il s'était trompé. Quoi! tant de massacres, de bouleversements, de malheurs, pour revenir au point d'où l'on était parti! Les passions encore émues, les prétentions de toutes les espèces ne pouvaient renoncer à cette égalité chimérique, cause principale de nos maux. De grandes raisons nous poussaient; de petites raisons nous retinrent: la félicité publique fut sacrifiée à l'intérêt personnel, et la justice à la vanité.

Il fallut donc songer à établir un chef suprême qui fût l'enfant de la révolution, un chef en qui la loi, corrompue dans sa source, protégeât la corruption et fît alliance avec elle. Des magistrats intègres, fermes et courageux, des capitaines renommés par leur probité autant que par leurs talents, s'étaient formés au milieu de nos discordes ; mais on ne leur offrit point un pouvoir que leurs principes leur auraient défendu d'accepter. On désespéra de trouver parmi les Français un front qui osât porter la couronne de Louis XVI. Un étranger se présenta : il fut choisi.

Buonaparte n'annonça pas ouvertement ses projets; son caractère ne se développa que par degrés. Sous le titre modeste de consul, il accoutuma d'abord les esprits indépendants à ne pas s'effrayer du pouvoir qu'ils avaient donné. Il se concilia les vrais Français, en se proclamant le restaurateur de l'ordre, des lois et de la religion. Les plus sages y furent pris, les plus clairvoyants trompés. Les républicains regardaient Buonaparte comme leur ouvrage, et comme le chef populaire d'un État libre. Les royalistes croyaient qu'il jouait le rôle de Monk, et s'empressaient de le servir. Tout le monde espérait en lui. Des victoires écla-

tantes, dues à la bravoure des Français, l'environnèrent
de gloire. Alors il s'enivra de ses succès, et son penchant
au mal commença à se déclarer. L'avenir doutera si cet
homme a été plus coupable par le mal qu'il a fait, que par
le bien qu'il eût pu faire et qu'il n'a pas fait. Jamais usurpateur n'eut un rôle plus facile et plus brillant à remplir.
Avec un peu de modération il pouvait établir lui et sa race
sur le premier trône de l'univers. Personne ne lui dispu-
tait ce trône: les générations nées depuis la révolution ne
connaissaient point nos anciens maîtres, et n'avaient vu
que des troubles et des malheurs. La France et l'Europe
étaient lassées : on ne soupirait qu'après le repos ; on
l'eût acheté à tout prix. Mais Dieu ne voulut pas qu'un si
dangereux exemple fût donné au monde, qu'un aventurier
pût troubler l'ordre des successions royales, se faire l'héritier des héros, et profiter dans un seul jour de la dépouille du
génie, de la gloire et du temps. Au défaut des droits de la
naissance , un usurpateur ne peut légitimer ses prétentions au trône que par des vertus : dans ce cas , Buonaparte n'avait rien pour lui, hors des talents militaires, égalés,
sinon même surpassés par ceux de plusieurs de nos généraux. Pour le perdre, il a suffi à la Providence de l'aban-
donner, et de le livrer à sa propre folie.

Un roi de France disait que « si la bonne foi était ban-
nie du milieu des hommes, elle devrait se retrouver dans
le cœur des rois: » *cette qualité d'une âme royale manqua
surtout à Buonaparte.* Les premières victimes connues de
la perfidie du tyran furent deux chefs des royalistes de la
Normandie. MM. de Frotté et le baron de Commarque
eurent la noble imprudence de se rendre à une conférence,
où on les attira sur la foi d'une promesse ; ils furent arrê-

tés et fusillés. Peu de temps après, Toussaint Louverture fut enlevé par trahison en Amérique, et probablement étranglé dans le château où on l'enferma en Europe.

Bientôt un meurtre plus fameux consterna le monde civilisé. On crut voir renaître ces temps de barbarie du moyen âge, ces scènes que l'on ne trouve plus que dans les romans, ces catastrophes que les guerres de l'Italie et la politique de Machiavel avaient rendues familières au delà des Alpes. L'étranger, qui n'était point encore roi, voulut avoir le corps sanglant d'un Français pour marchepied du trône de France. Et quel Français, grand Dieu ! Tout fut violé pour commettre ce crime : droit des gens, justice, religion, humanité. Le duc d'Enghien est arrêté en pleine paix sur un sol étranger. Lorsqu'il avait quitté la France, il était trop jeune pour la bien connaître : c'est du fond d'une chaise de poste, entre deux gendarmes, qu'il voit, comme pour la première fois, la terre de sa patrie, et qu'il traverse, pour mourir, les champs illustrés par ses aïeux. Il arrive au milieu de la nuit au donjon de Vincennes. A la lueur des flambeaux, sous les voûtes d'une prison, le petit-fils du grand Condé est déclaré coupable d'avoir comparu sur des champs de bataille : convaincu de ce crime héréditaire, il est aussitôt condamné. En vain il demande à parler à Buonaparte (ô simplicité aussi touchante qu'héroïque !) ; le brave jeune homme était un des plus grands admirateurs de son meurtrier ; il ne pouvait croire qu'un capitaine voulût assassiner un soldat. Encore tout exténué de faim et de fatigue, on le fait descendre dans les ravins du château ; il y trouve une fosse nouvellement creusée. On le dépouille de son habit ; on lui attache sur la poitrine une lanterne pour l'apercevoir dans les ténèbres ; et

pour mieux diriger la balle au cœur. Il demande un con-
fesseur, il prie ses bourreaux de transmettre les dernières
marques de son souvenir à ses amis : on l'insulte par des
paroles grossières. On commande le feu : le duc d'Enghien
tombe : sans témoins, sans consolation, au milieu de sa
patrie, à quelques lieues de Chantilly, à quelques pas de
ces vieux arbres sous lesquels le saint roi Louis rendait la
justice à ses sujets, dans la prison où M. le Prince fut renfermé, le jeune, le beau, le brave, le dernier rejeton du
vainqueur de Rocroi, meurt comme serait mort le grand
Condé, et comme ne mourra pas son assassin. Son corps
est enterré furtivement et Bossuet ne renaîtra point pour
parler sur ses cendres[1].

Il ne reste à celui qui s'est abaissé au-dessous de l'espèce
humaine par un crime, qu'à affecter de se placer au-dessus
de l'humanité par ses desseins, qu'à donner pour prétexte à
un forfait des raisons inaccessibles au vulgaire, qu'à faire
passer un abîme d'iniquités pour la profondeur du génie.
Buonaparte eut recours à cette misérable assurance qui ne
trompe personne, et qui ne vaut pas un simple repentir :
ne pouvant cacher son crime, il le publia.

Quand on entendit crier dans Paris l'arrêt de mort, il
y eut un mouvement d'horreur que personne ne dissimula.
On se demanda de quel droit un étranger venait de verser
le plus beau comme le plus pur sang de la France. Croyait-
il pouvoir remplacer par sa famille la famille qu'il venait

---

[1] Le neveu s'est associé à ce crime en faisant tout récemment démolir
et complétement détruire le modeste monument expiatoire élevé, à Vincennes, au duc d'Enghien. Les marbres ont été portés dans l'île des Cygnes
et le cercueil dans une petite pièce près de la sacristie, et laissé là sans
inscription.

d'éteindre ? Les militaires surtout frémirent : ce nom de Condé semblait leur appartenir en propre, et représenter pour eux l'honneur de l'armée française. Nos grenadiers avaient plusieurs fois rencontré les trois générations de héros dans la mêlée, le prince de Condé, le duc de Bourbon et le duc d'Enghien ; ils avaient même blessé le duc de Bourbon, mais l'épée d'un Français ne pouvait épuiser ce noble sang : il n'appartenait qu'à un étranger d'en tarir la source.

Chaque nation a ses vices. Ceux des Français ne sont pas la trahison, la noirceur et l'ingratitude. Le meurtre du duc d'Enghien, la torture et l'assassinat de Pichegru, la guerre d'Espagne, et la captivité du pape, décèlent dans Buonaparte une nature étrangère à la France. Malgré le poids des chaînes dont nous étions accablés, sensibles aux malheurs autant qu'à la gloire, nous avons pleuré le duc d'Enghien, Pichegru, George et Moreau : nous avons admiré Saragosse, et environné d'hommages un pontife chargé de fers. Celui qui priva de ses États le prêtre vénérable dont la main l'avait marqué du sceau des rois ; celui qui, à Fontainebleau, osa, dit-on, frapper le souverain pontife, traîner par ses cheveux blancs le père des fidèles, celui-là crut peut-être remporter une nouvelle victoire : il ne savait pas qu'il restait à l'héritier de Jésus-Christ ce sceptre de roseau et cette couronne d'épines qui triomphent tôt ou tard de la puissance du méchant.

Le temps viendra, je l'espère, où les Français libres déclareront par un acte solennel qu'ils n'ont point pris de part à ces crimes de la tyrannie ; que le meurtre du duc d'Enghien, la captivité du pape, et la guerre d'Espagne, sont des actes impies, sacriléges, odieux, antifrançais surtout,

3

et dont la honte ne doit retomber que sur la tête de l'ÉTRANGER.

Buonaparte profita de l'épouvante que l'assassinat de Vincennes jeta parmi nous, *pour franchir le dernier pas et s'asseoir sur le trône.*

Alors commencèrent les grandes saturnales de la royauté : les crimes, l'oppression, l'esclavage, marchèrent d'un pas égal avec la folie. Toute liberté expire, tout sentiment honorable, toute pensée généreuse, deviennent des conspirations contre l'État. Si on parle de vertu, on est suspect ; louer une belle action, c'est une injure faite au prince. Les mots changent d'acception : un peuple qui combat pour ses souverains légitimes est un peuple rebelle ; un traître est un sujet fidèle ; la France entière devient l'empire du mensonge : journaux, pamphlets, discours, prose et vers, tout déguise la vérité. S'il a fait de la pluie, on assure qu'il a fait du soleil ; si le tyran s'est promené au milieu du peuple muet, il s'est avancé, dit-on, au milieu des acclamations de la foule. Le but unique, c'est le prince : la morale consiste à se dévouer à ses caprices, le devoir à le louer. Il faut surtout se récrier d'admiration lorsqu'il a fait une faute ou commis un crime. Les gens de lettres sont forcés par des menaces à célébrer le despote. Ils composaient, ils capitulaient sur le degré de la louange : heureux quand, au prix de quelques lieux communs sur la gloire des armes, ils avaient acheté le droit de pousser quelques soupirs, de dénoncer quelques crimes, de rappeler quelques vérités proscrites ! Aucun livre ne pouvait paraître sans être marqué de l'éloge de Buonaparte, comme du timbre de l'esclavage ; dans les nouvelles éditions des anciens auteurs, la censure faisait retrancher tous les passages contre les conquérants, la servitude et la tyrannie ; comme le Directoire avait eu dessein de faire corriger dans les mêmes auteurs tout ce qui parlait de la monarchie et des rois. Les almanachs étaient examinés avec soin ; et la conscription forma un article de foi dans le catéchisme. Dans les arts, même servitude : Buonaparte empoisonne les pestiférés de Jaffa ; on fait un tableau qui le représente touchant, par excès de courage et d'humanité, ces mêmes pestiférés. Ce n'était pas ainsi que saint Louis guérissait les malades qu'une confiance touchante et religieuse présentait à ses mains royales. Au reste, ne parlez point d'opinion publique : la maxime est que le souverain doit en disposer chaque matin. Il y avait à la police perfectionnée par Buonaparte un comité chargé de donner la direction aux esprits, et à la tête de ce comité un directeur de l'opinion publique. L'imposture et le silence étaient les deux grands moyens employés pour tenir le peuple dans l'erreur. Si vos enfants meurent sur le champ de bataille, croyez-vous qu'on fasse assez de cas de vous pour vous dire ce qu'ils sont devenus ? On vous taira les événements les plus importants à la patrie, à l'Europe, au monde entier. Les ennemis sont à Meaux : vous ne l'apprenez que par la fuite des gens de la campagne ; on vous enveloppe de ténèbres ; on se joue de vos inquiétudes ; on rit de vos douleurs ; on méprise ce que vous pouvez sentir et penser. Vous voulez élever la voix, un espion vous dénonce, un gendarme vous arrête, une commission militaire vous juge : on vous casse la tête, et on vous oublie.

Ce n'était pas tout d'enchaîner les pères, il fallait encore disposer des enfants. On a vu des mères accourir des extrémités de l'empire, et venir réclamer, en fondant en larmes, les fils que le gouvernement leur avait enlevés.

Ces enfants étaient placés dans des écoles où, rassemblés
au son du tambour, ils devenaient irréligieux, débauchés,
contempteurs des vertus domestiques. Si de sages et dignes
maîtres osaient rappeler la vieille expérience et les leçons
de la morale, ils étaient aussitôt dénoncés comme des
traîtres, des fanatiques, des ennemis de la philosophie et
du progrès des lumières. L'autorité paternelle, respectée
par les plus affreux tyrans de l'antiquité, était traitée par
Buonaparte d'abus et de préjugé. Il voulait faire de nos
fils des espèces de mameluks sans Dieu, sans famille et
sans patrie. Il semble que cet ennemi de tout s'attachât à
détruire la France par ses fondements. Il a plus corrompu
les hommes, plus fait de mal au genre humain dans le
court espace de dix années, que tous les tyrans de Rome
ensemble, depuis Néron jusqu'au dernier persécuteur des
chrétiens. Les principes qui servaient de base à son administration passaient de son gouvernement dans les diffé-
rentes classes de la société; car un gouvernement pervers
introduit le vice chez les peuples, comme un gouvernement sage fait fructifier la vertu. L'irréligion, le goût des
jouissances et des dépenses au-dessus de la fortune, le mépris des liens moraux, l'esprit d'aventure, de violence et
de domination descendaient du trône dans les familles.
Encore quelque temps d'un pareil règne, et la France n'eût
plus été qu'une caverne de brigands.

Les crimes de notre révolution républicaine étaient l'ouvrage des passions, qui laissent toujours des ressources :
il y avait désordre et non pas destruction dans la société.
La morale était blessée, mais elle n'était pas anéantie. La
conscience avait ses remords; une indifférence destructive
ne confondait point l'innocent et le coupable : aussi les

malheurs de ce temps auraient pu être promptement ré-
parés. Mais comment guérir la plaie faite par un gouvernement qui posait en principe le despotisme : qui, ne parlant que de morale et de religion, détruisait sans cesse la
morale et la religion par ses institutions et ses mépris; qui
ne cherchait point à fonder l'ordre sur le devoir et sur la
loi, mais sur la force et sur les espions de police; qui prenait la stupeur de l'esclavage pour la paix d'une société
bien organisée, fidèle aux coutumes de ses pères, et mar-
chant en silence dans le sentier des antiques vertus ? Les
révolutions les plus terribles sont préférables à un pareil
état. Si les guerres civiles produisent les crimes publics,
elles enfantent au moins les vertus privées, les talents et les
grands hommes. C'est dans le despotisme que disparaissent
les empires : en abusant de tous les moyens, en tuant les
âmes encore plus que les corps, il amène tôt ou tard la dis-
solution et la conquête. Il n'y a point d'exemple d'une nation libre qui ait péri par une guerre entre les citoyens; et
toujours un État courbé sous ses propres orages s'est relevé
plus florissant.

On a vanté l'administration de Buonaparte. Si l'administration consiste dans des chiffres ; si, pour bien gouverner, il suffit de savoir combien une province produit en
blé, en vin, en huile; quel est le dernier écu qu'on peut
lever, le dernier homme qu'on peut prendre : certes, Buonaparte était un grand administrateur; il est impossible de
mieux organiser le mal, de mettre plus d'ordre dans le
désordre. Mais si la meilleure administration est celle qui
laisse un peuple en paix; qui nourrit en lui des sentiments
de justice et de piété; qui est avare du sang des hommes;

qui respecte les droits des citoyens, les propriétés des familles : certes le gouvernement de Buonaparte était le pire des gouvernements.

Et encore que de fautes et d'erreurs dans son propre système! L'administration la plus dispendieuse engloutissait une partie des revenus de l'État. Des armées de douaniers et de receveurs dévoraient les impôts qu'ils étaient chargés de lever. Il n'y avait pas de si petit chef de bureau qui n'eût sous lui cinq ou six commis. Buonaparte semblait avoir déclaré la guerre au commerce. S'il naissait en France quelque branche d'industrie, il s'en emparait, et elle séchait entre ses mains. Les tabacs, les sels, les laines, les denrées coloniales, tout était pour lui l'objet d'un monopole; il s'était fait l'unique marchand de son empire. Il avait, par des combinaisons absurdes, ou plutôt par une ignorance et un dégoût décidé de la marine, achevé de perdre nos colonies et d'anéantir nos flottes. Il bâtissait de grands vaisseaux qui pourrissaient dans les ports, ou qu'il désarmait lui-même pour subvenir aux besoins de son armée de terre. Cent frégates, répandues dans toutes les mers, auraient pu faire un mal considérable aux ennemis, former des matelots à la France, protéger nos bâtiments marchands : ces premières notions du bon sens n'entraient pas même dans la tête de Buonaparte. On ne doit point attribuer à ses lois les progrès de notre agriculture; ils sont dus au partage des grandes propriétés, à l'abolition de quelques droits féodaux, et à plusieurs autres causes produites par la révolution. Tous les jours cet homme inquiet et bizarre fatiguait un peuple qui n'avait besoin que de repos par des décrets contradictoires, et souvent inexécutables : il violait le soir la loi qu'il avait faite le matin. Il a dévoré en dix ans quinze milliards d'impôts [1], ce qui surpasse la somme des taxes levées pendant les soixante et treize années du règne de Louis XIV. La dépouille du monde, 1,500 millions de revenu ne lui suffisaient pas; il n'était occupé qu'à grossir son trésor par les mesures les plus iniques. Chaque préfet, chaque sous-préfet, chaque maire avait le droit d'augmenter les entrées des villes, de mettre des centimes additionnels sur les bourgs, les villages et les hameaux; de demander à tel propriétaire une somme arbitraire pour tel ou tel prétendu besoin. La France entière était au pillage. Les infirmités, l'indigence, la mort, l'éducation, les arts, les sciences, tout payait un tribut au prince. Vous aviez un fils estropié, cul-de-jatte, incapable de servir : une loi de la conscription vous obligeait à donner 1,500 francs pour vous consoler de ce malheur. Quelquefois le conscrit malade mourait avant d'avoir subi l'examen du capitaine de recrutement. Vous supposiez alors le père exempt de payer les 1,500 francs de la réforme? Point du tout. Si la déclaration de l'infirmité avait été faite avant l'accident de la mort, le conscrit se trouvant vivant au moment de la déclaration, le père était obligé de compter la somme sur le tombeau de son fils. Le pauvre voulait-il donner quelque éducation à l'un de ses enfants, il fallait qu'il comptât d'abord une somme à l'université, plus une redevance sur la pension donnée au maître. Un auteur moderne citait-il un ancien auteur, comme les ouvrages de ce dernier étaient tombés dans ce qu'on appelait le DOMAINE PUBLIC, la censure exigeait un centime par feuille de citation. Si vous traduisiez en citant, vous ne payiez qu'un

---

[1] Tous ces calculs ne sont qu'*approximatifs* : je ne me pique nullement de donner des comptes rigoureux par francs et par centimes.

demi-centime par feuille, parce qu'alors la citation était
du *domaine mixte;* la moitié appartenait au travail du tra-
ducteur vivant, et l'autre moitié à l'auteur mort. Lorsque
Buonaparte fit distribuer des aliments aux pauvres dans
l'hiver de 1812, on crut qu'il tirait cette générosité de son
épargne; il leva à cette occasion des centimes additionnels,
et gagna quatre millions sur la soupe des pauvres. Enfin, on
l'a vu s'emparer de l'administration des funérailles : il était
digne du destructeur des Français de lever un impôt sur
leurs cadavres. Et comment aurait-on réclamé la protection
des lois, puisque c'était lui qui les faisait ? Le corps législatif
a osé parler une fois, et il a été dissous. Un seul article des
nouveaux Codes détruisait rapidement la propriété. Un
administrateur du domaine pouvait vous dire : « Votre
« propriété est domaniale ou nationale. Je la mets provi-
« soirement sous le séquestre : allez et plaidez. Si le do-
« maine a tort, on vous rendra votre bien. » Et à qui
aviez-vous recours en ce cas? aux tribunaux ordinaires?
non : ces causes étaient réservées à l'examen du conseil
d'État, et plaidées devant l'empereur, qui était ainsi juge
et partie.

Si la propriété était incertaine, la liberté civile était encore moins assurée. Qu'y avait-il de plus monstrueux que
cette commission nommée pour inspecter les prisons et sur
le rapport de laquelle un homme pouvait être détenu toute
sa vie dans les cachots, sans instruction, sans procès, sans
jugement, mis à la torture, fusillé la nuit, étranglé entre
deux guichets? Au milieu de tout cela, Buonaparte faisait
nommer chaque année des commissions de la liberté de la
presse et de la liberté individuelle : Tibère ne s'est jamais
joué à ce point de l'espèce humaine.

Enfin la conscription faisait comme le couronnement de ses œuvres de despotisme. La Scandinavie, appelée par un historien la *fabrique du genre humain*, n'aurait pu fournir assez d'hommes à cette loi homicide. Le code de la conscription sera un monument éternel du règne de Buonaparte. Là se trouve réuni tout ce que la tyrannie la plus subtile et la plus ingénieuse peut imaginer pour tourmenter et dévorer les peuples : c'est véritablement le code de l'enfer. Les générations de la France étaient mises en coupe réglée comme les arbres d'une forêt : chaque année quatre-vingt mille jeunes gens étaient abattus. Mais ce n'était là que la coupe régulière : souvent la conscription était doublée ou fortifiée par des levées extraordinaires ; souvent elle dévorait d'avance les futures victimes, comme un dissipateur emprunte sur le revenu à venir. On avait fini par prendre sans compter : l'âge légal, les qualités requises pour mourir sur un champ de bataille n'étaient plus considérées ; et l'inexorable loi montrait à cet égard une merveilleuse indulgence. On remontait vers l'enfance ; on descendait vers la vieillesse : le réformé, le remplacé, étaient repris ; tel fils d'un pauvre artisan, racheté trois fois au prix de la petite fortune de son père, était obligé de marcher. Les maladies, les infirmités, les défauts du corps, n'étaient plus une raison de salut. Des colonnes mobiles parcouraient nos provinces comme un pays ennemi, pour enlever au peuple ses derniers enfants. Si l'on se plaignait de ces ravages, on répondait que les colonnes mobiles étaient composées de beaux gendarmes qui consoleraient leurs mères, et leur rendraient ce qu'elles avaient perdu. Au défaut du frère absent, on prenait le frère présent. Le père répondait pour le fils, la femme pour le mari :

la responsabilité s'étendait aux parents les plus éloignés
et jusqu'aux voisins. Un village devenait solidaire pour le
conscrit qu'il avait vu naître. Des garnisaires s'établis-
saient chez le paysan, et le forçaient de vendre son lit pour
les nourrir : pour s'en délivrer, il fallait qu'il trouvât le
conscrit caché dans les bois. L'absurde se mêlait à l'atroce :
souvent on demandait des enfants à ceux qui étaient assez
heureux pour n'avoir point de postérité ; on employait la
violence pour découvrir le porteur d'un nom qui n'existait
que sur le rôle des gendarmes, ou pour avoir un conscrit
qui servait déjà depuis cinq ou six ans. Des femmes gros-
ses ont été mises à la torture, afin qu'elles révélassent le
lieu où se tenait caché le premier-né de leurs entrailles ;
des pères ont apporté le cadavre de leur fils, pour prouver
qu'ils ne pouvaient fournir ce fils vivant. Il restait encore
quelques familles dont les enfants plus riches s'étaient ra-
chetés ; ils se destinaient à former un jour des magistrats,
des administrateurs, des savants, des propriétaires, si
utiles à l'ordre social dans un grand pays : par le décret
des gardes d'honneur, on les a enveloppés dans le massacre universel. On en était venu à ce point de mépris pour
la vie des hommes et pour la France, d'appeler les conscrits la MATIÈRE PREMIÈRE et la CHAIR A CANON. On agitait
quelquefois cette grande question parmi les pourvoyeurs
de chair humaine : savoir combien de temps *durait* un
conscrit ; les uns prétendaient qu'il durait trente-trois
mois, les autres trente-six. Buonaparte disait lui-même :
J'AI TROIS CENT MILLE HOMMES DE REVENU. Il a fait périr, dans
les onze années de son règne, plus de cinq millions de Français, ce qui surpasse le nombre de ceux que nos guerres
civiles ont enlevés pendant trois siècles, sous les règnes

de Jean, de Charles V, de Charles VI, de Charles VII, de Henri II, de François II, de Charles IX, de Henri III et de Henri IV. Dans les douze derniers mois qui viennent de s'écouler, Buonaparte a levé (sans compter la garde nationale) treize cent mille hommes, ce qui est plus de cent mille hommes par mois : et on a osé lui dire qu'il n'avait dépensé que le luxe de la population!

Il était aisé de prévoir ce qui est arrivé : tous les hommes sages disaient que la conscription, en épuisant la France, l'exposerait à l'invasion aussitôt qu'elle serait sérieusement attaquée. Saigné à blanc par le bourreau, ce corps, vide de sang, n'a pu faire qu'une faible résistance, mais la perte des hommes n'était pas le plus grand mal que faisait la conscription : elle tendait à nous replonger, nous et l'Europe entière, dans la barbarie. Par la conscription, les métiers, les arts et les lettres sont inévitablement détruits. Un jeune homme qui doit mourir à dix-huit ans ne peut se livrer à aucune étude. Les nations voisines, obligées, pour se défendre, de recourir aux mêmes moyens que nous, abandonnaient à leur tour les avantages de la civilisation; et tous les peuples précipités les uns sur les autres, comme au siècle des Goths et des Vandales, auraient vu renaître les malheurs de ces temps. En brisant les liens de la société générale, la conscription anéantissait aussi ceux de la famille. Accoutumés dès leur berceau à se regarder comme des victimes dévouées à la mort, les enfants n'obéissaient plus à leurs parents; ils devenaient paresseux, vagabonds et débauchés, en attendant le jour où ils allaient piller et égorger le monde. Quel principe de religion et de morale aurait eu le temps de prendre racine dans leur cœur? De leur côté, les pères et les mères, dans la classe du peuple, n'attachaient plus leurs affections, ne donnaient plus leurs soins à des enfants qu'ils se préparaient à perdre, qui n'étaient plus leur richesse et leur appui, et qui ne devenaient pour eux qu'un objet de douleur et un fardeau. De là cet endurcissement de l'âme, cet oubli de tous les sentiments naturels, qui mènent à l'égoïsme, à l'insouciance du bien et du mal, à l'indifférence pour la patrie; qui éteignent la conscience et le remords, qui vouent un peuple à la servitude, en lui ôtant l'horreur du vice et l'admiration pour la vertu.

Telle était l'administration de Buonaparte pour l'intérieur de la France.

Examinons au dehors la marche de son gouvernement, cette politique dont il était si fier, et qu'il définissait ainsi : LA POLITIQUE, C'EST JOUER AUX HOMMES. Eh bien! il a tout perdu à ce jeu abominable, et c'est la France qui a payé sa perte.

Pour commencer par son système continental, ce système d'un fou ou d'un enfant n'était point d'abord le but réel de ses guerres; il n'en était que le prétexte. Il voulait être le maître de la terre, en ne parlant que de la liberté des mers. Et ce système insensé, a-t-il fait ce qu'il fallait pour l'établir? Par les deux grandes fautes qui, comme nous le dirons après, ont fait échouer ses projets sur l'Espagne et sur la Russie, n'a-t-il pas manqué aussi de fermer les ports de la Méditerranée et de la Baltique? N'a-t-il pas donné toutes les colonies du monde aux Anglais? Ne leur a-t-il pas ouvert au Pérou, au Mexique, au Brésil, un marché plus considérable que celui qu'il voulait leur fermer en Europe? chose si vraie, que la guerre a enrichi le peuple qu'il prétendait ruiner. L'Europe n'emploie que

quelques superfluités de l'Angleterre ; le fond des nations
européennes trouve dans ses propres manufactures de quoi
suffire à ses principales nécessités. En Amérique, au contraire, les peuples ont besoin de tout, depuis le premier
jusqu'au dernier vêtement ; et dix millions d'Américains
consomment plus de marchandises anglaises que trente
millions d'Européens. Je ne parle point de l'importation de
l'argent du Mexique aux Indes, du monopole du cacao, du
quinquina, de la cochenille, et de mille autres objets de
spéculation, devenus une nouvelle source de richesse pour
les Anglais. Et quand Buonaparte aurait réussi à fermer
les ports de l'Espagne et de la Baltique, il fallait donc ensuite fermer ceux de la Grèce, de Constantinople, de la
Syrie, de la Barbarie : c'était prendre l'engagement de con-
quérir le monde. Tandis qu'il eût tenté de nouvelles conquêtes, les peuples déjà soumis, ne pouvant échanger le
produit de leur sol et de leur industrie, auraient secoué le
joug et rouvert leurs ports. Tout cela n'offre que vues
fausses, qu'entreprises petites à force d'être gigantesques,
défaut de raison et de bon sens, rêves d'un fou et d'un
furieux.

Quant à ses guerres, à sa conduite avec les cabinets de
l'Europe, le moindre examen en détruit le prestige. Un
homme n'est pas grand par ce qu'il entreprend, mais par
ce qu'il exécute. Tout homme peut rêver la conquête du
monde : Alexandre seul l'accomplit. Buonaparte gouver-
nait l'Espagne comme une province dont il pompait le sang
et l'or. Il ne se contente pas de cela : il veut encore régner
personnellement sur le trône de Charles IV. Que fait-il
alors ? Par la politique la plus noire, il sème d'abord des
germes de division dans la famille royale ; ensuite il en-

lève cette famille, au mépris de toutes les lois humaines et divines; il envahit subitement le territoire d'un peuple fidèle, qui venait de combattre pour lui à Trafalgar. Il insulte au génie de ce peuple, massacre ses prêtres, blesse l'orgueil castillan, soulève contre lui les descendants du Cid et du grand capitaine. Aussitôt Saragosse célèbre la messe de ses propres funérailles, et s'ensevelit sous ses ruines; les chrétiens de Pélage descendent des Asturies : le nouveau More est chassé. Cette guerre ranime en Europe l'esprit des peuples, donne à la France une frontière de plus à défendre, crée une armée de terre aux Anglais, les ramène après quatre siècles dans les champs de Poitiers, et leur livre les trésors du Mexique.

Si, au lieu d'avoir recours à ces ruses dignes de Borgia, Buonaparte, par une politique toujours criminelle, mais plus habile, eût, sous un prétexte quelconque, déclaré la guerre au roi d'Espagne; s'il se fût annoncé comme le vengeur des Castillans opprimés par le prince de la Paix ; s'il eût caressé la fierté espagnole, ménagé les ordres religieux, il est probable qu'il eût réussi. « Ce ne sont pas les Espa- « gnols que je veux, disait-il dans sa fureur, c'est l'Es- « pagne ! » Eh bien ! cette terre l'a rejeté. L'incendie de Burgos a produit l'incendie de Moscou, et la conquête de l'Alhambra a amené les Russes au Louvre. Grande et terrible leçon !

Même faute pour la Russie : au mois d'octobre 1812, s'il s'était arrêté sur les bords de la Duna ; s'il se fût contenté de prendre Riga, de cantonner pendant l'hiver son armée de cinq cent mille hommes, d'organiser la Pologne derrière lui ; au retour du printemps, il eût peut-être mis en péril l'empire des czars. Au lieu de cela, il marche à

Moscou par un seul chemin, sans magasins, sans ressources. Il arrive : les vainqueurs de Pultawa embrasent
leur ville sainte. Buonaparte s'endort un mois au milieu
des ruines et des cendres : il semble oublier le retour des
saisons et la rigueur du climat ; il se laisse amuser par
des propositions de paix ; il ignore assez le cœur humain
pour croire que des peuples qui ont eux-mêmes brûlé
leur capitale, afin d'échapper à l'esclavage, vont capituler
sur les ruines fumantes de leurs maisons. Ses généraux
lui crient qu'il est temps de se retirer. Il part, jurant
comme un enfant furieux qu'il reparaîtra bientôt avec
une armée dont l'*avant-garde seule sera composée de trois
cent mille soldats.* Dieu envoie un souffle de sa colère : tout
périt ; il ne nous revient qu'un homme !

Absurde en administration, criminel en politique, qu'avait-
il donc pour séduire les Français, cet étranger? Sa gloire militaire? Eh bien! il en est dépouillé. C'est, en effet, un grand ga-
gneur de batailles ; mais hors de là, le moindre général est plus
habile que lui. Il n'entend rien aux retraites et à la chicane
du terrain ; il est impatient, incapable d'attendre longtemps
un résultat, fruit d'une longue combinaison militaire ; il ne
sait qu'aller en avant, faire des pointes, courir, remporter
des victoires, comme on l'a dit, à coups d'hommes; sacrifier
tout pour un succès, sans s'embarrasser d'un revers ; tuer
la moitié de ses soldats par des marches.au-dessus des forces
humaines. Peu importe : n'a-t-il pas la conscription et
la matière première ? On a cru qu'il avait perfectionné l'art
de la guerre, et il est certain qu'il l'a fait rétrograder vers
l'enfance de l'art [1]. Le chef-d'œuvre de l'art militaire, chez

---

[1] Il est vrai pourtant qu'il a perfectionné ce qu'on appelle l'administration des armées et le matériel de la guerre.

les peuples civilisés, c'est évidemment de défendre un grand pays avec une petite armée ; de laisser reposer plusieurs milliers d'hommes derrière soixante ou quatre-vingt mille soldats ; de sorte que le laboureur qui cultive en paix son sillon sait à peine qu'on se bat à quelques lieues de sa chaumière. L'empire romain était gardé par cent cinquante mille hommes, et César n'avait que quelques légions à Pharsale. Qu'il nous défende donc aujourd'hui dans nos foyers, ce vainqueur du monde ! Quoi ! tout son génie l'a-t-il soudainement abandonné ? Par quel enchantement cette France, que Louis XIV avait environnée de forteresses, que Vauban avait fermée comme un beau jardin, est-elle envahie de toutes parts ? Où sont les garnisons de ses places frontières ? Il n'y en a point. Où sont les canons de ses remparts ? Tout est désarmé, même les vaisseaux de Brest, de Toulon et de Rochefort. Si Buonaparte eût voulu nous livrer sans défense aux puissances coalisées, s'il nous eût vendus, s'il eût conspiré secrètement contre les Français, eût-il agi autrement ? En moins de seize mois, deux milliards de numéraire, quatorze cent mille hommes, tout le matériel de nos armées et de nos places, sont engloutis dans les bois de l'Allemagne et dans les déserts de la Russie. A Dresde, Buonaparte commet faute sur faute, oubliant que si les crimes ne sont quelquefois punis que dans l'autre monde, les fautes le sont toujours dans celui-ci. Il montre l'ignorance la plus incompréhensible de ce qui se passe dans les cabinets, s'obstine à rester sur l'Elbe, est battu à Leipzig, et refuse une paix honorable qu'on lui propose. Plein de désespoir et de rage, il sort pour la dernière fois du palais de nos rois, va brûler, par un esprit d'injustice et d'ingratitude, le village où ces mêmes rois eurent le malheur de le nourrir, n'oppose aux ennemis qu'une activité sans plan, éprouve un dernier revers, fuit encore, et délivre enfin la capitale du monde civilisé de son odieuse présence.

La plume d'un Français se refuserait à peindre l'horreur de ses champs de bataille ; un homme blessé devient pour Buonaparte un fardeau : tant mieux s'il meurt, on en est débarrassé. Des monceaux de soldats mutilés, jétés pêle-mêle dans un coin, restent quelquefois des jours et des semaines sans être pansés : il n'y a plus d'hôpitaux assez vastes pour contenir les malades d'une armée de sept ou huit cent mille hommes, plus assez de chirurgiens pour les soigner. Nulle précaution prise pour eux par le bourreau des Français : souvent point de pharmacie, point d'ambulance, quelquefois même pas d'instruments pour couper les membres fracassés. Dans la campagne de Moscou, faute de charpie, on pansait les blessés avec du foin ; le foin manqua, ils moururent. On vit errer cinq cent mille guerriers, vainqueurs de l'Europe, la gloire de la France ; on les vit errer parmi les neiges et les déserts, s'appuyant sur des branches de pin, car ils n'avaient plus la force de porter leurs armes, et couverts, pour tout vêtement, de la peau sanglante des chevaux qui avaient servi à leur dernier repas. De vieux capitaines, les cheveux et la barbe hérissés de glaçons, s'abaissaient jusqu'à caresser le soldat à qui il était resté quelque nourriture, pour en obtenir une chétive partie, tant ils éprouvaient les tourments de la faim ! Des escadrons entiers, hommes et chevaux, étaient gelés pendant la nuit ; et le matin on voyait encore ces fantômes debout au milieu des frimas. Les seuls témoins des souffrances de nos soldats, dans ces

solitudes, étaient des bandes de corbeaux et des meutes
de lévriers blancs demi-sauvages, qui suivaient notre
armée pour en dévorer les débris. L'empereur de Russie
a fait faire au printemps la recherche des morts : on a
compté deux cent quarante-trois mille six cent dix cadavres d'hommes, et cent vingt-trois mille cent trente-
trois de chevaux [1]. La peste militaire, qui avait disparu
depuis que la guerre ne se faisait plus qu'avec un petit
nombre d'hommes, cette peste a reparu avec la conscription, les armées d'un million de soldats et les flots de sang
humain. Et que faisait le destructeur de nos pères, de nos
frères, de nos fils, quand il moissonnait ainsi la fleur de la
France ? Il fuyait ! il venait aux Tuileries dire, en se frot-
tant les mains au coin du feu : IL FAIT MEILLEUR ICI QUE SUR
LES BORDS DE LA BÉRÉSINA. Pas un mot de consolation aux
épouses, aux mères en larmes dont il était entouré ; pas
un regret, pas un mouvement d'attendrissement, pas un
remords, pas un seul aveu de sa folie. Les Tigellins disaient : « Ce qu'il y a d'heureux dans cette retraite, c'est
« que l'empereur n'a manqué de rien ; il a toujours été bien
« nourri, bien enveloppé dans une bonne voiture ; enfin,
« il n'a pas du tout souffert ; c'est une grande consolation. »
Et lui, au milieu de sa cour, paraissait gai, triomphant,
glorieux : paré du manteau royal, la tête couverte du
chapeau à la Henri IV, il s'étalait, brillant, sur un trône,
répétant les attitudes royales qu'on lui avait enseignées ;
mais cette pompe ne servait qu'à le rendre plus hideux,
et tous les diamants de la couronne ne pouvaient cacher
le sang dont il était couvert.

[1] Extrait d'un rapport officiel du ministre de la justice générale au gouvernement russe, en date du 17 mai 1813.

Hélas! cette horreur des champs de bataille s'est rapprochée de nous; elle n'est plus cachée dans les déserts : c'est au sein de nos foyers que nous la voyons, dans ce Paris que les Normands assiégèrent en vain il y a près de mille ans, et qui s'enorgueillissait de n'avoir eu pour vainqueur que Clovis, qui devint son roi. Livrer un pays à l'invasion, n'est-ce pas le plus grand et le plus irrémissible des crimes? Nous avons vu périr sous nos propres yeux le reste de nos générations; nous avons vu des troupeaux de conscrits, de vieux soldats pâles et défigurés, s'appuyer sur les bornes des rues, mourant de toutes les sortes de misères, tenant à peine d'une main l'arme avec laquelle ils avaient défendu la patrie, et demandant l'aumône de l'autre main; nous avons vu la Seine chargée de barques, nos chemins encombrés de chariots remplis de blessés, qui n'avaient pas même le premier appareil sur leurs plaies. Un de ces chars, que l'on suivait à la trace du sang, se brisa sur le boulevard : il en tomba des conscrits sans bras, sans jambes, percés de balles, de coups de lance, jetant des cris, et priant les passants de les achever. Ces malheureux, enlevés à leurs chaumières avant d'être parvenus à l'âge d'homme, menés avec leurs bonnets et leurs habits champêtres sur le champ de bataille, placés, comme CHAIR A CANON, dans les endroits les plus dangereux pour épuiser le feu de l'ennemi; ces infortunés, dis-je, se prenaient à pleurer, et criaient, en tombant frappés par le boulet : AH! MA MÈRE! MA MÈRE! cri déchirant qui accusait l'âge tendre de l'enfant arraché la veille à la paix domestique; de l'enfant tombé tout à coup des mains de sa mère dans celles de son barbare souverain! Et pour qui tant de massacres, tant de douleurs? Pour un abominable tyran, pour un étranger qui n'est si prodigue du sang français que parce qu'il n'a pas une goutte de ce sang dans les veines.

Ah! quand Louis XVI refusait de punir quelques coupables dont la mort lui eût assuré le trône, en nous épargnant à nous-mêmes tant de malheurs; quand il disait : « Je ne veux pas acheter ma sûreté au prix de la vie d'un « seul de mes sujets; » quand il écrivait dans son Testament : « Je recommande à mon fils, s'il a le malheur de « devenir roi, de songer qu'il se doit tout entier au bon-« heur de ses concitoyens; qu'il doit oublier toute haine et « tout ressentiment, et nommément ce qui a rapport aux « chagrins que j'éprouve; qu'il ne peut faire le bonheur des « peuples qu'en régnant suivant les lois; » quand il prononçait sur l'échafaud ces paroles : « Français, je prie « Dieu qu'il ne venge pas sur la nation le sang de vos rois « qui va être répandu; » voilà le véritable roi, le roi français, le roi légitime, le père et le chef de la patrie!

Buonaparte s'est montré trop médiocre dans l'infortune pour croire que sa prospérité fût l'ouvrage de son génie : il n'est que le fils de notre puissance, et nous l'avons cru le fils de ses œuvres. Sa grandeur n'est venue que des forces immenses que nous lui remîmes entre les mains lors de son élévation. Il hérita de toutes les armées formées sous nos plus habiles généraux, conduites tant de fois à la victoire par tous ces grands capitaines qui ont péri, et qui périront peut-être jusqu'au dernier, victimes des fureurs et de la jalousie du tyran. Il trouva un peuple nombreux, agrandi par des conquêtes, exalté par des triomphes et par le mouvement que donnent toujours les révolutions; il n'eut qu'à frapper du pied la terre féconde de notre patrie, et elle lui prodigua des trésors et des soldats. Les peuples qu'il attaquait étaient lassés et désunis : il les vainquit tour à tour, en versant sur chacun d'eux séparément les flots de la population de la France.

Lorsque Dieu envoie sur la terre les exécuteurs des châtiments célestes, tout est aplani devant eux : ils ont des succès extraordinaires avec des talents médiocres. Nés au milieu des discordes civiles, ces exterminateurs tirent leurs principales forces des maux qui les ont enfantés, et de la terreur qu'inspire le souvenir de ces maux : ils obtiennent ainsi la soumission du peuple au nom des calamités dont ils sont sortis. Il leur est donné de corrompre et d'avilir, d'anéantir l'honneur, de dégrader les âmes, de souiller tout ce qu'ils touchent, de tout vouloir et de tout oser, de régner par le mensonge, l'impiété et l'épouvante, de parler tous les langages, de fasciner tous les yeux, de tromper jusqu'à la raison, de se faire passer pour de vastes génies, lorsqu'ils ne sont que des scélérats vulgaires, car l'excellence en tout ne peut être séparée de la vertu : traînant après eux les nations séduites, triomphant par la multitude, déshonorés par cent victoires, la torche à la main, les pieds dans le sang, ils vont au bout de la terre comme des hommes ivres, poussés par Dieu qu'ils méconnaissent.

Lorsque la Providence, au contraire, veut sauver un empire et non le punir ; lorsqu'elle emploie ses serviteurs et non ses fléaux ; qu'elle destine aux hommes dont elle se sert une gloire honorable et non une abominable renommée ; loin de leur rendre la route facile comme à Buonaparte, elle leur oppose des obstacles dignes de leurs vertus. C'est ainsi que l'on peut toujours distinguer le tyran du libérateur, le ravageur des peuples du grand capitaine, l'homme envoyé pour détruire, et l'homme venu pour ré-

parer. Celui-là est maître de tout, et se sert pour réussir
de moyens immenses; celui-ci n'est maître de rien, et n'a
entre les mains que les plus faibles ressources : il est aisé
de reconnaître aux premiers traits et le caractère et la mis-
sion du dévastateur de la France.

Buonaparte est un faux grand homme : la magnanimité,
qui fait les héros et les véritables rois, lui manque. De là
vient qu'on ne cite pas de lui un seul de ces mots qui an-
noncent Alexandre et César, Henri IV et Louis XIV. La
nature le forma sans entrailles. Sa tête assez vaste est l'empire des ténèbres et de la confusion. Toutes les idées, même
celles du bien, peuvent y entrer, mais elles en sortent aussitôt. Le trait distinctif de son caractère est une obstination
invincible, une volonté de fer, mais seulement pour l'injustice, l'oppression, les systèmes extravagants; car il aban-
donne facilement les projets qui pourraient être favorables
à la morale, à l'ordre et à la vertu. L'imagination le domine,
et la raison ne le règle point. Ses desseins ne sont point le
fruit de quelque chose de profond et de réfléchi, mais l'effet
d'un mouvement subit et d'une résolution soudaine. Il a
quelque chose de l'histrion et du comédien; il joue tout,
jusqu'aux passions qu'il n'a pas. Toujours sur un théâtre, au
Caire, c'est un renégat qui se vante d'avoir détruit la pa-
pauté; à Paris, c'est le restaurateur de la religion chré-
tienne : tantôt inspiré, tantôt philosophe, ses scènes sont
préparées d'avance; un souverain qui a pu prendre des
leçons afin de paraître dans une attitude royale est jugé
pour la postérité. Jaloux de paraître original, il n'est presque jamais qu'imitateur; mais ses imitations sont si grossières, qu'elles rappellent à l'instant l'objet ou l'action qu'il
copie; il essaye toujours de dire ce qu'il croit un grand

mot, ou de faire ce qu'il présume une grande chose. Affectant l'universalité du génie, il parle de finances et de spectacles, de guerre et de modes, règle le sort des rois et celui d'un commis à la barrière, date du Kremlin un règlement sur les théâtres, et le jour d'une bataille fait arrêter quelques femmes à Paris. Enfant de notre révolution, il a des ressemblances frappantes avec sa mère ; intempérance de langage, goût de la basse littérature, passion d'écrire dans les journaux. SOUS LE MASQUE DE CÉSAR ET D'ALEXANDRE, ON APERÇOIT L'HOMME DE PEU ET L'ENFANT DE PETITE FAMILLE. Il méprise souverainement les hommes, parce qu'il les juge d'après lui. Sa maxime est qu'ils ne font rien que par intérêt ; que la probité même n'est qu'un calcul. De là le système de FUSION qui faisait la base de son gouvernement, employant également le méchant et l'honnête homme, mêlant à dessein le vice et la vertu, et prenant toujours soin de vous placer en opposition à vos principes. Son grand plaisir était de déshonorer la vertu, de souiller les réputations : il ne vous touchait que pour vous flétrir. Quand il vous avait fait tomber, vous deveniez SON HOMME, selon son expression : vous lui apparteniez par droit de honte ; il vous en aimait un peu moins, il vous en méprisait un peu plus. Dans son administration, il voulait qu'on ne connût que les résultats, et qu'on ne s'embarrassât jamais des moyens, les MASSES devant être tout, les INDIVIDUALITÉS rien. « On corrompra cette jeunesse, mais elle m'obéira mieux ; ON FERA PÉRIR CETTE BRANCHE D'INDUSTRIE, MAIS J'OBTIENDRAI POUR LE MOMENT PLUSIEURS MILLIONS ; il périra soixante mille hommes dans cette affaire, mais je gagnerai la bataille. » Voilà tout son raisonnement, et voilà comme les royaumes sont anéantis !

Né surtout pour détruire, Buonaparte porte le mal dans son sein, tout naturellement, comme une mère porte son fruit, avec joie et une sorte d'orgueil. Il a l'horreur du bonheur des hommes ; il disait un jour : « Il y a encore quel-« ques personnes heureuses en France ; ce sont des familles « qui ne me connaissent pas, qui vivent à la campagne, « dans un château, avec 30,000 ou 40,000 livres de rente ; « mais je saurai bien les atteindre. » Il a tenu parole. Il voyait un jour jouer son fils ; il dit à un évêque présent : « Monsieur l'évêque, croyez-vous que cela ait une âme ? » Tout ce qui se distingue par quelque supériorité épouvante ce tyran : toute réputation l'importe. Envieux des talents, de l'esprit, de la vertu, il n'aimerait pas même le bruit d'un crime, si ce crime n'était pas son ouvrage. Le plus disgracieux des hommes, son grand plaisir est de blesser ce qui l'approche, sans penser que nos rois n'insultaient jamais personne, parce qu'on ne pouvait se venger d'eux, sans se souvenir qu'il parle à la nation la plus délicate sur l'honneur, à un peuple que la cour de Louis XIV a formé, et qui est justement renommé pour l'élégance de ses mœurs et la fleur de sa politesse. Enfin Buonaparte n'était que l'homme de la prospérité ; aussitôt que l'adversité, qui fait éclater les vertus, a touché le faux grand homme, le prodige s'est évanoui : dans le monarque on n'a plus aperçu qu'un aventurier, et dans le héros qu'un parvenu à la gloire.

Lorsque Buonaparte chassa le Directoire, il lui adressa ce discours :

« Qu'avez-vous fait de cette France que je vous ai lais-« sée si brillante ? Je vous ai laissé la paix, j'ai retrouvé la « guerre ; je vous ai laissé des victoires, j'ai retrouvé des « revers ; je vous ai laissé les millions de l'Italie, et j'ai

« trouvé partout des lois spoliatrices et de la misère. Qu'a-
« vez-vous fait de cent mille Français que je connaissais
« tous, mes compagnons de gloire? Ils sont morts. Cet état
« de choses ne peut durer; avant trois ans il nous mène-
« rait au despotisme : mais nous voulons la république, la
« république assise sur les bases de l'égalité, de la morale,
« de la liberté civile et de la tolérance politique, etc. »

Aujourd'hui, homme de malheur, nous te prendrons par
tes discours, et nous t'interrogerons par tes paroles. Dis,
qu'as-tu fait de cette France si brillante? où sont nos trésors, les millions de l'Italie, de l'Europe entière? Qu'as-tu
fait, non pas de cent mille, mais de cinq millions de Français que nous connaissions tous, nos parents, nos amis,
nos frères? Cet état de choses ne peut durer; il nous a plon-
gés dans un affreux despotisme. Tu voulais la république,
et tu nous as apporté l'esclavage. Nous, nous voulons la
monarchie assise sur les bases de l'égalité des droits, de la
morale, de la liberté civile, de la tolérance politique et religieuse. Nous l'as-tu donnée cette monarchie? Qu'as-tu fait
pour nous? que devons-nous à ton règne? qui est-ce qui a
assassiné le duc d'Enghien, torturé Pichegru, banni Moreau, chargé de chaînes le souverain pontife, enlevé les
princes d'Espagne, commencé une guerre impie? C'est toi.
Qui est-ce qui a perdu nos colonies, anéanti notre commerce, ouvert l'Amérique aux Anglais, corrompu nos
mœurs, enlevé les enfants aux pères, désolé les familles,
ravagé le monde, brûlé plus de mille lieues de pays, inspiré
l'horreur du nom français à toute la terre? C'est toi. Qui
est-ce qui a exposé la France à la peste, à l'invasion, au
démembrement, à la conquête? C'est encore toi. Voilà ce
que tu n'as pu demander au Directoire, et ce que nous te

5

demandons aujourd'hui. Combien es-tu plus coupable que ces hommes que tu ne trouvais pas dignes de régner! Un roi légitime et héréditaire qui aurait accablé son peuple de la moindre partie des maux que tu nous as faits eût mis son trône en péril ; et toi, usurpateur et étranger, tu nous deviendrais sacré en raison des calamités que tu as répandues sur nous! tu régnerais encore au milieu de nos tombeaux! Nous rentrons enfin dans nos droits par le malheur; nous ne voulons plus adorer Moloch : tu ne dévoreras plus nos enfants : nous ne voulons plus de ta conscription, de ta police, de ta censure, de tes fusillades nocturnes, de ta tyrannie. Ce n'est pas seulement nous, c'est le genre humain qui t'accuse. Il nous demande vengeance au nom de la religion, de la morale et de la liberté. Où n'as-tu pas répandu la désolation? dans quel coin du monde une famille obscure a-t-elle échappé à tes ravages? L'Espagnol dans ses montagnes, l'Illyrien dans ses vallées, l'Italien sous son beau soleil, l'Allemand, le Russe, le Prussien dans leurs villes en cendre, te redemandent leurs fils que tu as égorgés, la tente, la cabane, le château, le temple où tu as porté la flamme. Tu les as forcés de venir chercher parmi nous ce que tu leur as ravi, et reconnaître dans tes palais leur dépouille ensanglantée. La voix du monde te déclare le plus grand coupable qui ait jamais paru sur la terre; car ce n'est pas sur des peuples barbares et sur des nations dégénérées que tu as versé tant de maux; c'est au milieu de la civilisation, dans un siècle de lumières que tu as voulu régner par le glaive d'Attila *et les maximes de Néron*. Quitte enfin ton sceptre de fer : descends de ce monceau de ruines dont tu avais fait un trône! nous te chassons comme tu as chassé le Directoire. Va! puisses-tu, pour seul châtiment, être témoin de la joie que ta chute cause à la France, et contempler, en versant des larmes de rage, le spectacle de la félicité publique!

Telles sont les paroles que nous adressons à *l'étranger.* Mais si nous rejetons Buonaparte, qui le remplacera? — LE ROI.

Les fonctions attachées à ce titre de ROI sont si connues des Français, qu'ils n'ont pas besoin de se le faire expliquer : le roi leur représente aussitôt l'idée de l'autorité légitime, de l'ordre, de la paix, de la liberté légale et monarchique. Les souvenirs de la vieille France, la religion, les antiques usages, les mœurs de la famille, les habitudes de notre enfance, le berceau, le tombeau, tout se rattache à ce nom sacré de roi : il n'effraye personne; au contraire, il rassure. Le roi, le magistrat, le père; un Français confond ces idées. Il ne sait ce que c'est qu'un empereur; il ne connaît pas la nature, la forme, la limite du pouvoir attaché à ce titre étranger. Mais il sait ce que c'est qu'un monarque descendant de saint Louis et de Henri IV : c'est un chef dont la puissance paternelle est réglée par des institutions, tempérée par les mœurs, adoucie et rendue excellente par le temps, comme un vin généreux né de la terre de la patrie, et mûri par le soleil de la France. Cessons de vouloir nous le cacher : il n'y aura ni repos, ni bonheur, ni félicité, ni stabilité dans nos lois, nos opinions, nos fortunes, que quand la maison de Bourbon sera rétablie sur le trône. Certes, l'antiquité, plus reconnaissante que nous, n'aurait pas manqué d'appeler *divine* une race qui, commençant par un roi brave et prudent, et finis-

sant par un martyr, a compté dans l'espace de neuf siècles trente-trois monarques, parmi lesquels on ne trouve
qu'un seul tyran : exemple unique dans l'histoire du monde,
et éternel sujet d'orgueil pour notre patrie. La probité et
l'honneur étaient assis sur le trône de France, comme sur
les autres trônes la force et la politique. Le sang noble et
doux des Capets ne se reposait de produire des héros que
pour faire des rois honnêtes hommes. Les uns furent ap-
pelés Sages, Bons, Justes, Bien-Aimés ; les autres, sur-
nommés Grands, Augustes, Pères des lettres et de la patrie. Quelques-uns eurent des passions, qu'ils expièrent
par des malheurs ; mais aucun n'épouvanta le monde par
ces vices qui pèsent sur la mémoire des Césars, et que Buonaparte a reproduits.

Les Bourbons, dernière branche de cet arbre sacré, ont
vu, par une destinée extraordinaire, leur premier roi tomber sous le poignard du fanatique et leur dernier sous la
hache de l'athée. Depuis Robert, sixième fils de saint Louis,
dont ils descendent, il ne leur a manqué, pendant tant de
siècles, que cette gloire de l'adversité, qu'ils ont enfin ma-
gnifiquement obtenue. Qu'avons-nous à leur reprocher? Le
nom de Henri IV fait encore tressaillir les cœurs français,
et remplit nos yeux de larmes. Nous devons à Louis XIV
la meilleure partie de notre gloire. N'avons-nous pas sur-
nommé Louis XVI le plus honnête homme de son royaume?
Est-ce parce que nous avons tué ce bon roi que nous rejetons ce sang? Est-ce parce que nous avons fait mourir sa
sœur, sa femme et son fils, que nous repoussons sa famille?
Cette famille pleure dans l'exil, non ses malheurs, mais les
nôtres. Cette jeune princesse que nous avons persécutée,
que nous avons rendue orpheline, regrette tous les jours,

dans les palais étrangers, les prisons de la France. Elle
pouvait recevoir la main d'un prince puissant et glorieux,
mais elle préféra unir sa destinée à celle de son cousin,
pauvre, exilé, proscrit, parce qu'il était Français, et qu'elle
ne voulait point se séparer des malheurs de sa famille. Le
monde entier admire ses vertus, les peuples de l'Europe la
suivent quand elle paraît dans les promenades publiques,
en la comblant de bénédictions : et nous, nous pouvons
l'oublier ! Quand elle quitta sa patrie, où elle avait été si
malheureuse, elle jeta les yeux en arrière, et elle pleura.
Objets constants de ses prières et de son amour, nous sa-
vons à peine qu'elle existe. Ah ! qu'elle retrouve du moins
quelques consolations en faisant le bonheur de sa coupable
patrie ! Cette terre porte naturellement les lis : ils renaî-
tront plus beaux, arrosés du sang du roi martyr.

Louis XVIII, qui doit régner le premier sur nous, est
un prince connu par ses lumières, inaccessible aux préju-
gés, étranger à la vengeance. De tous les souverains qui
peuvent gouverner à présent la France, c'est peut-être
celui qui convient le mieux à notre position et à l'esprit
du siècle ; comme de tous les hommes que nous pouvions
choisir, Buonaparte était peut-être le moins propre à être
roi. Les institutions des peuples sont l'ouvrage du temps
et de l'expérience : pour régner, il faut surtout de la raison
et de l'uniformité. Un prince qui n'aurait dans la tête que
deux ou trois idées communes, mais utiles, serait un souverain plus convenable à une nation qu'un aventurier extraordinaire, enfantant sans cesse de nouveaux plans, ima-
ginant de nouvelles lois, ne croyant régner que quand il
travaille à troubler les peuples, à changer, à détruire le soir
ce qu'il a créé le matin. Non-seulement Louis XVIII a ces

idées fixes, cette modération, ce bon sens si nécessaire à
un monarque, mais c'est encore un prince ami des lettres, instruit et éloquent comme plusieurs de nos rois,
d'un esprit vaste et éclairé, d'un caractère ferme et philosophique.

Choisissons entre Buonaparte, qui revient à nous por-
tant le code sanglant de la conscription, et Louis XVIII, qui
s'avance pour fermer nos plaies, le testament de Louis XVI
à la main ! Il répétera à son sacre ces paroles, écrites par
son vertueux frère :

« Je pardonne de tout mon cœur à ceux qui se sont faits
« mes ennemis sans que je leur en eusse donné aucun sujet,
« et je prie Dieu de leur pardonner. »

Monsieur, comte d'Artois, d'un caractère si franc, si
loyal, si français, se distingue aujourd'hui par sa piété, sa
douceur et sa bonté, comme il se faisait remarquer dans sa
première jeunesse par son grand air et ses grâces royales.
Buonaparte fuit, abattu par la main de Dieu, mais non
corrigé par l'adversité; à mesure qu'il recule dans le pays
qui échappe à sa tyrannie, il traîne après lui de malheu-
reuses victimes chargées de fer; c'est dans les dernières
prisons de France qu'il exerce les derniers actes de son
pouvoir. Monsieur arrive seul, sans soldats, sans appui,
inconnu aux Français auxquels il se montre. A peine a-t-il
prononcé son nom, que le peuple tombe à ses genoux; on
baise respectueusement son habit, on embrasse ses genoux; on lui crie, en répandant des torrents de larmes :
« Nous ne vous apportons que nos cœurs; Buonaparte ne
« nous a laissé que cela ! » A cette manière de quitter la
France, à cette façon d'y rentrer, connaissez d'un côté
l'usurpateur, de l'autre le prince légitime.

M. le duc d'Angoulême a paru dans une autre de nos provinces; Bordeaux s'est jeté dans ses bras; et le pays de Henri IV a reconnu avec des transports de joie l'héritier des vertus du Béarnais. Nos armées n'ont point vu de chevalier plus brave que M. le duc de Berry. M. le duc d'Orléans prouve, par sa noble fidélité au sang de son roi, que son nom est toujours un des plus beaux de la France. J'ai déjà parlé des trois générations de héros, M. le prince de Condé, M. le duc de Bourbon : je laisse à Buonaparte à nommer le troisième.

Je ne sais si la postérité pourra croire que tant de princes de la maison de Bourbon ont été proscrits par ce peuple qui leur devait toute sa gloire, sans avoir été coupables d'aucun crime, sans que leur malheur leur soit venu de la tyrannie du dernier roi de leur race : non, l'avenir ne pourra comprendre que nous ayons banni des princes aussi bons, des princes nos compatriotes, pour mettre à notre tête un étranger, le plus méchant de tous les hommes. On conçoit jusqu'à un certain point la république en France : un peuple, dans un moment de folie, peut vouloir changer la forme de son gouvernement, et ne plus reconnaître le chef suprême ; mais si nous revenons à la monarchie, c'est le comble de la honte et de l'absurdité de la vouloir sans le souverain légitime, et de croire qu'elle puisse exister sans lui. Qu'on modifie, si l'on veut, la constitution de cette monarchie ; mais nul n'a le droit de changer le monarque. Il peut arriver qu'un roi cruel, tyrannique, qui viole toutes les lois, qui prive tout un peuple de ses libertés, soit déposé par l'effet d'une révolution violente, mais, dans ce cas extraordinaire, la couronne passe à ses fils, ou à son plus proche héritier. Or, Louis XVI a-t-il été un tyran ? pouvons-nous faire le procès à sa mémoire ? en vertu de quelle autorité privons-nous sa race d'un trône qui lui appartient à tant de titres ? Par quel honteux caprice avons-nous donné à Buonaparte l'héritage de Robert le Fort ? ce Robert le Fort descendait vraisemblablement de la seconde race, et celle-ci se rattachait à la première. Il était comte de Paris. Hugues Capet apporta aux Français, comme Français lui-même, Paris, héritage paternel, des biens et des domaines immenses. La France, si petite sous les premiers Capets, s'enrichit et s'accrut sous leurs descendants. *Et c'est en faveur d'un insulaire obscur, dont il a fallu faire la fortune en dépouillant tous les Français,* que nous avons renversé la loi salique, palladium de notre empire ! Combien nos pères différaient de nous de sentiments et de maximes ! A la mort de Philippe le Bel, ils adjugèrent la couronne à Philippe de Valois, au préjudice d'Édouard III, roi d'Angleterre ; ils aimèrent mieux se condamner à deux siècles de guerre, que de se laisser gouverner par un étranger. Cette noble résolution fut la cause de la gloire et de la grandeur de la France : l'oriflamme fut déchirée aux champs de Crécy, de Poitiers et d'Azincourt, mais ses lambeaux triomphèrent enfin de la bannière d'Édouard III et de Henri V, et le cri de *Montjoie Saint-Denis* étouffa celui de toutes les factions. La même question de l'hérédité se représenta à la mort de Henri III : le parlement rendit alors le fameux édit qui donna Henri IV et Louis XIV à la France. Ce n'étaient pourtant pas des têtes ignobles que celles d'Édouard III, de Henri V, du duc de Guise et de l'infante d'Espagne. Grand Dieu ! qu'est donc devenu l'orgueil de la France ? Elle a refusé d'aussi grands souverains pour conserver sa race française et royale, et elle a fait choix de Buonaparte !

En vain prétendrait-on que Buonaparte n'est pas étranger : il l'est aux yeux de toute l'Europe, de tous les Français non prévenus ; il le sera au jugement de la postérité : elle lui attribuera peut-être la meilleure partie de nos victoires, et nous chargera d'une partie de ses crimes. Buonaparte n'a rien de français, ni dans les mœurs, ni dans le caractère. Les traits mêmes de son visage montrent son origine. La langue qu'il apprit dans son berceau n'était pas la nôtre, et son accent comme son nom révèlent sa patrie. Son père et sa mère ont vécu plus de la moitié de leur vie sujets de la république de Gênes. Lui-même est plus sincère que ses flatteurs : il ne se reconnaît pas Français, il nous hait et nous méprise. Il lui est plusieurs fois échappé de dire : VOILA COMME VOUS ÊTES, VOUS AUTRES FRANÇAIS. Dans un discours, il a parlé de l'Italie comme de sa patrie, et de la France comme de sa conquête. Si Buonaparte est Français, il faut dire nécessairement que Toussaint Louverture l'était autant et plus que lui : car enfin il était né dans une vieille colonie française et sous les lois françaises ; la liberté qu'il avait reçue lui avait rendu les droits du sujet et du citoyen. Et un étranger, élevé par la charité de nos rois, occupe le trône de nos rois, et brûle de répandre leur sang ! Nous prîmes soin de sa jeunesse, et, par reconnaissance, il nous plonge dans un abîme de douleur ! Juste dispensation de la Providence ! les Gaulois saccagèrent Rome, et les Romains opprimèrent les Gaulois ; les Français ont souvent ravagé l'Italie, et les Médicis, les Galigaï, les Buonaparte, nous ont désolés. La France et l'Italie devraient enfin se connaître, et renoncer pour toujours l'une à l'autre.

Qu'il sera doux de se reposer enfin de tant d'agitations et de malheurs sous l'autorité paternelle de notre souverain légitime ! Nous avons pu un moment être sujets de la gloire que nos armes avaient répandue sur Buonaparte ; aujourd'hui qu'il s'est dépouillé lui-même de cette gloire, ce serait trop que de rester l'esclave de ses crimes. Rejetons cet oppresseur comme tous les autres peuples l'ont déjà rejeté. Qu'on ne dise pas de nous : Ils ont tué le meilleur et le plus vertueux des rois ; ils n'ont rien fait pour lui sauver la vie, et ils versent aujourd'hui la dernière goutte de leur sang, ils sacrifient les restes de la France, pour soutenir un étranger qu'eux-mêmes détestent. Par quelle raison cette France infidèle justifierait-elle son abominable fidélité? Il faut donc avouer que ce sont les forfaits qui nous plaisent, les crimes qui nous charment, la tyrannie qui nous convient. Ah ! si les nations étrangères, enfin lasses de notre obstination, allaient consentir à nous laisser cet insensé, si nous étions assez lâches pour acheter, par une partie de notre territoire, la honte de conserver au milieu de nous le germe de la peste et le fléau de l'humanité, il faudrait fuir au fond des déserts, changer de nom et de langage, tâcher d'oublier et de faire oublier que nous avons été Français.

Pensons au bonheur de notre commune patrie ; songeons bien que notre sort est entre nos mains : un mot peut nous rendre à la gloire, à la paix, à l'estime du monde, ou nous plonger dans le plus affreux, comme dans le plus ignoble esclavage. Relevons la monarchie de Clovis, l'héritage de saint Louis, le patrimoine de Henri IV. Les Bourbons seuls conviennent aujourd'hui à notre situation malheureuse, sont les seuls médecins qui puissent fermer nos blessures. La modération, la paternité de leurs sentiments, leurs propres adversités, conviennent à un royaume épuisé, fatigué de convulsions et de malheurs. Tout deviendra légitime avec eux, tout est illégitime sans eux. Leur seule présence fera renaître l'ordre dont ils sont pour nous le principe. Ce sont de braves et illustres gentilshommes, autant et plus Français que nous. Ces seigneurs des fleurs de lis furent dans tous les temps célèbres par leur loyauté ; ils tiennent si fort à la racine de nos mœurs, qu'ils semblent faire partie même de la France, et lui manquer aujourd'hui comme l'air et le soleil.

Si tout doit devenir paisible avec eux, s'ils peuvent seuls mettre un terme à cette trop longue révolution, le retour de Buonaparte nous plongerait dans des maux affreux et dans des troubles interminables. L'imagination la plus féconde peut-elle se représenter ce que serait ce monstrueux géant resserré dans d'étroites limites, n'ayant plus les trésors du monde à dévorer, et le sang de l'Europe à répandre? Peut-on se le figurer renfermé dans une cour ruinée et flétrie, exerçant sur les seuls Français sa rage, ses vengeances et son génie turbulent? Buonaparte n'est point changé; il ne changera jamais. Toujours il inventera des projets, des lois, des décrets absurdes, contradictoires ou criminels; toujours il nous tourmentera : il rendra toujours incertaines notre vie, notre liberté, nos propriétés. En attendant qu'il puisse troubler le monde de nouveau, il s'occupera du soin de bouleverser nos familles. Seuls esclaves au milieu du monde libre, objets du mépris des peuples, le dernier degré du malheur sera de ne plus sentir notre abjection, et de nous endormir, comme l'esclave de l'Orient, indifférents au cordon que le sultan nous enverra à notre réveil.

Non, il n'en sera pas ainsi! Nous avons un prince légitime, né de notre sang, élevé parmi nous, que nous connaissons, qui nous connaît, qui a nos mœurs, nos goûts, nos habitudes, pour lequel nous avons prié Dieu dans notre jeunesse, dont nos enfants savent le nom comme celui d'un de leurs voisins, et dont les pères vécurent et moururent avec les nôtres. Parce que nous avons réduit nos anciens princes à être voyageurs, la France sera-t-elle une propriété forfaite? Doit-elle demeurer à Buonaparte par droit d'aubaine? Ah! pour Dieu, ne soyons pas trouvés en telle déloyauté, que de déshériter notre naturel seigneur, pour donner son lit au premier compagnon qui le demande! Si nos maîtres légitimes nous manquaient, le dernier des Français serait encore préférable à Buonaparte pour régner sur nous : du moins nous n'aurions pas la honte d'obéir à un étranger.

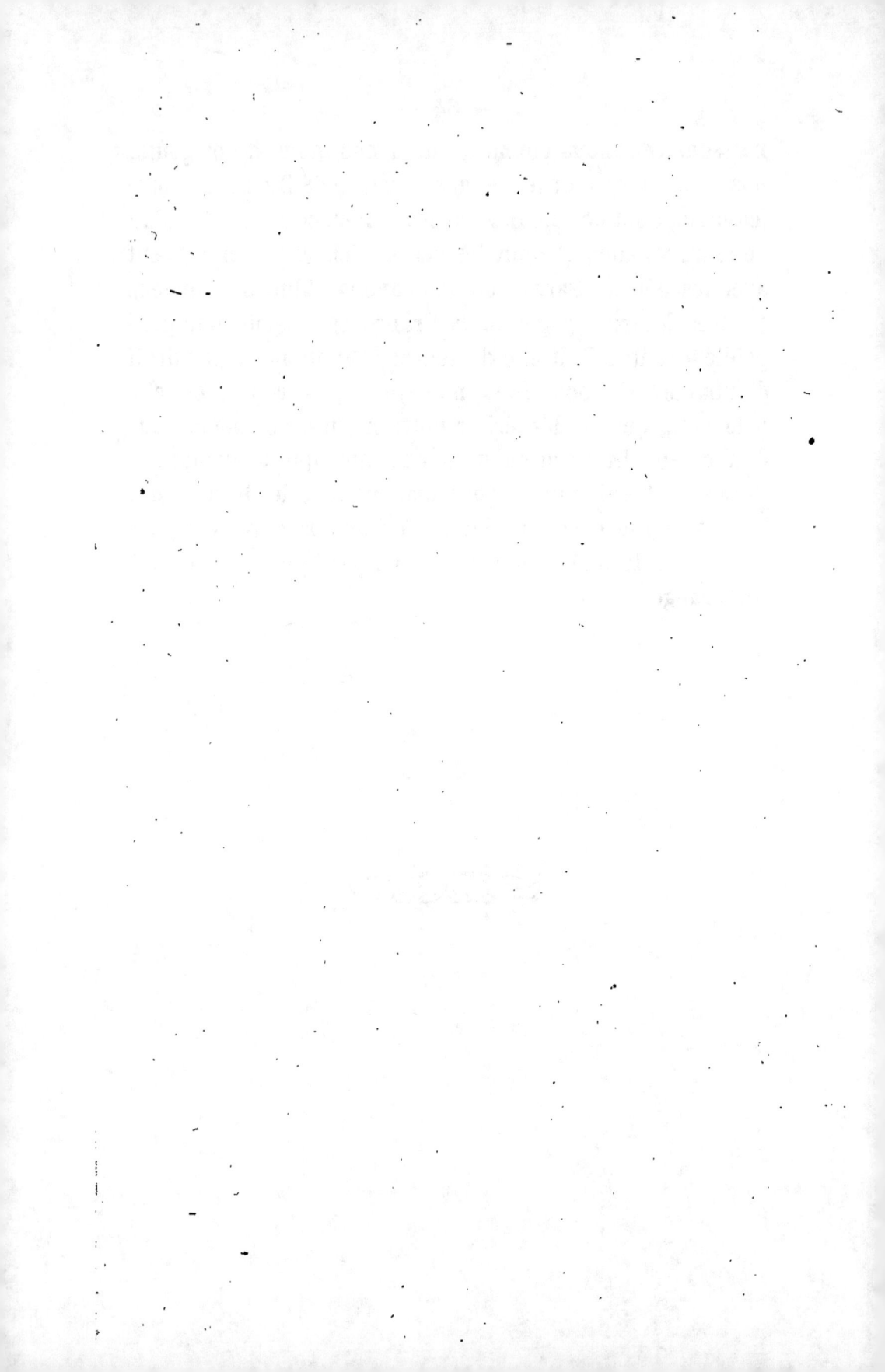

www.ingramcontent.com/pod-product-compliance
Lightning Source LLC
LaVergne TN
LVHW022120080426
835511LV00007B/941